AF368674

piedra de
sol
MAGISTERIO

GERMÁN ESPINOSA

EL MAGNICIDIO

Título original de la obra: EL MAGNICIDIO

2ª Edición: 1998
Reimpresión: 2018

ISBN Libro: 978-958-20-0405-7

©   Germán Espinosa

©   Cooperativa Editorial Magisterio
        Diagonal 36 bis # 20-70 (Parkway la Soledad)
        PBX: 3383605
        Bogotá, D.C., Colombia.
        www.magisterio.com.co
        info@magisterio.com.co

Dirección General: Alfredo Ayarza Bastidas
Dirección Editorial: Pío Fernando Gaona Pinzón

A Josefina
este libro
tan suyo

I

Angela Droz miró por un instante el vuelo de los cornisamentos, que parecían desplazar sobre el cortejo fúnebre sus grotescos follajes de piedra, y no pudo dejar de pensar en la relatividad de los movimientos físicos y en la suprema relatividad de todos los movimientos engendrados o fantaseados por la mente del hombre. La caravana de vehículos avanzaba, sin prisa, entre centenares de personas dolientes y estupefactas, y bajo los frisos y arquitrabes de la parte colonial de la ciudad. Pero una ilusión óptica creada al alzar ella la vista hacia el cielo, desde su automóvil sin capota, ponía a esos mismos frisos y arquitrabes a desplazarse en sentido opuesto a la marcha del cortejo, dando a toda esa vieja arquitectura la movilidad de los andenes ferroviarios en el instante, moroso y eterno, en que el convoy inicia su complicado proceso de aceleración.

A su lado, en la parte trasera del automóvil, Gedeón Núñez no apartaba la vista del féretro, envuelto en la bandera revolucionaria y montado en una cureña de artillería, que arrastraba de las gualderas, lentamente, un Land Rover color verde oliva. La cureña se movilizaba entre una doble hilera de milicianos, que saludaban a la usanza militar y marchaban a paso fúnebre por la avenida, a lado y lado de la cual, en los soportales de los caserones o bajo el sol del mediodía, se aglomeraba la muchedumbre, piedra el rostro y dolor iracundo los ojos hechizados por el tránsito final del héroe. Un inmenso desfile de vehículos negros y gente a pie avanzaba tras aquel catafalco en movimiento, que era como el centro de gravedad del silencio cernido sobre la ciudad: silencio popular y augural cuya mole parecía querer extenderse a todos los confines de la tierra. En la atmósfera reverberante se respiraba el hálito de la tragedia. Pero la muerte adquiría, bajo aquel mediodía que se desperdigaba en filamentos de luz, un aspecto, más bien, de triunfo solemne.

Gedeón Núñez mostraba en el rostro huellas de insomnio. Su gesto era severo y un poco ceremonial, pero permitía que flotara en su expresión, como de costumbre, una recóndita ternura de abuelo estéril. Frisaba en los sesenta años y vestía un traje negro de calle, el mismo con el que concurrió, por tres días consecutivos, a los honores decretados por el nuevo gobierno en memoria del caudillo asesinado. Angela Droz daba, en cambio, una sensación de juventud. Abroquelada en un luto incompasivo, que hacía subir de punto la palidez en el óvalo de su rostro mestizo, observaba ahora con impaciencia, ya el cortejo que avanzaba ante ella, ya el populacho que se arremolinaba en los porches con la cólera y la impotencia en su hilada de mohines tácitos y sombríos. El asesinato de Manuel del Cristo había tenido, para la gleba, algo así como el efecto del hierro al golpear sobre el pedernal. Pasada la excitación que, en un comienzo, lo indujo a arrasar para siempre con la mecánica del poder, el pueblo asomaba ahora los ojos medrosos al paso del cortejo, mientras, allá en lo hondo de su conciencia gregaria, se replegaba, casi por instinto, ante el horizonte de augurios nada tranquilizadores que abría la muerte del hombre que le había hecho vislumbrar un resquicio de esperanza. Una ira sorda se amotinaba en los ojos, en el rictus apretado de las bocas, en la aparente indiferencia de muchos. Pero tú, Angela, sabías muy bien que todo ese reflujo de dolor e impotencia era parte, apenas, de la marea de fatalismo en que fluctuaba, de siglos atrás, esa masa informe y viva que era, además, tu más próxima semejanza en el tiempo y en el espacio.

Sentiste la angustia morder tu pecho. Un mordisco de hielo entremezclado a la imagen familiar, y ahora tan lejana, de Manuel del Cristo en la guerrilla, animando a los hombres que se desbarrancaban por las pendientes gredosas, sin esperanza de entrar jamás en la capital; Manuel del Cristo en el palacio de los presidentes, torturando su inteligencia para sortear los mil y un escollos que su propio rigor le presentaba; Manuel del Cristo gesticulando en la pantalla del televisor; Manuel del Cristo, junto al lecho de baldaquino, ofertándote el disfraz de su madre; Manuel del Cristo en el baile de máscaras... Pero, no. No era sólo ese Manuel del Cristo episódico, el guerrillero, el estadista, el héroe, el que volvía ahora, a tres días de su muerte, entre los centelleos del sol y la modorra de la movilización fúnebre. Era, particularmente, un Manuel del Cristo en olor de añoranza, con aquellos ojos de azul acerado que nadie pudo, ni tú misma, discernir, ojos francos y, a veces, risueños, como si en ellos se copiara un cielo de verano cuya quietud se supusiera, no obstante, preñada de presagios. Con las manos de virilidad nervuda, pero nunca callosas a pesar de la vida de la guerrilla: manos de aristócrata o de amante sabio. Un Manuel del Cristo ya irremisiblemente hundido en el pasado, pero resurrecto de golpe en la actualidad de cada cabrilleo solar, en una suerte de intermitente y fúlgida labor de tu conciencia, herida por los movimientos acompasados del cortejo y la luz que se desparramaba por la avenida como en una apoteosis final.

¿Cómo podía estar muerto? ¿Cómo aquel ímpetu de vendaval podía ir pacíficamente embutido entre cuatro tablones de pino, rumbo al basurero, antes de que fuese ya tan sólo una carroña, un montón de podredumbre y polvo? El mordisco hincó peor cuando advertiste que Gedeón había apartado la vista del féretro y la tenía fija en ti, examinándote, irradiando de ella la intensa y tesonera ternura que la caracterizaba. Más que incómoda, te sentiste por un momento digna de lástima. Sabías lo que palpitaba en los trasfondos de Gedeón y esto te sublevaba terriblemente. Sí; Manuel del Cristo se iba para siempre; ya no tendríamos más la fortaleza de su gesto, la magia de su carácter. Ahora la revolución tendría que componérselas como pudiera. ¿Venirte nadie a ti con esa historia? ¿No fuiste tú también heroína de la revolución y, si se quiere, la mano derecha, el soporte, la amante, la mujer de Manuel del Cristo? ¿No lo acompañaste, año tras año, en la fatigosa lucha que culminó con la toma del poder? ¿Qué mosca acababa de picarle a Gedeón, para mirarte así? Por encima de toda aquella balumba de sentimentalismos, ¿no estaban el partido, el comité central, la compleja organización de la cual el caudillo no era sino una especie de cabeza visible, de vicario capitular? ¿Qué clase de catástrofe o de retroceso barruntaba Gedeón en perspectiva? No, no. Aquí estaban ustedes, todos los demás, para sostener esto que llamaban la *dictadura del proletariado* –la dictadura de esta plebe que los cercaba como una marejada de ira– y defender la memoria del caudillo, de ese hombre que fue algo más para ti, muchísimo más, que un simple cabecilla al cual es posible asesinar. ¿No estaba claro? ¿Por qué, entonces, esta mirada, este ademán de ternura en los ojos siempre colmados de comprensión y condescendencia, este deseo de estancar alguna forma de tragedia interior, de sainete esquizoide, de íntimo desbarajuste, esta gana de arrogarse la suprema interpretación de lo que estaba ocurriendo, la vocería de presuntas catástrofes? ¿Acaso porque Gedeón intuía el mordisco de hielo que experimentaste segundos antes, tu horripilante dolor al despedir para siempre al hombre que más admiraste y amaste, al saberlo ya un montón de carroña camino del basurero? ¿Porque sabía que eras, además, la viuda de Manuel del Cristo?

Le devolviste una mirada profesional e implacable. Una mirada que quiso ser una descarga de autoridad y de confianza fanática en el porvenir de la revolución: la antítesis de lo sentimental. Gedeón Núñez la recogió en todo su irrefragable significado y, sin quererlo, sus labios dibujaron una sonrisa. Hacía más de treinta años era el secretario general del partido y estaba habituado, por consiguiente, a este género de miradas. En cierto modo, él debió inventar alguna vez, en su lejana juventud, esta expresión ya clásica del reproche dialéctico. No podía, pues, sentirse impresionado. Tú, Angela, no supiste interpretar el matiz. Lo tomaste por otro acto de condescendencia o, quizá, como la manifestación de alguna visceral sospecha. Tuviste ganas de escupirle el rostro, pero recordaste que estabas ante Gedeón Núñez, tu viejo e irreprochable protector y, además, un prócer del partido. Te contuviste a tiempo y cambiaste el escupitajo por una frase que salió silbando, tensa, como el pitido agudo y fino de una serpiente, de tus labios contraídos y bellos.

–No hay peor miseria moral –dijiste– que sentir lástima por alguien. Siempre he pensado que la conmiseración es una forma de la complacencia en el mal ajeno.

Entonces, en la ternura de los ojos que te observaban, viste una suerte de airada perplejidad. Y tuviste que añadir:

–Por fortuna para nosotros, Manuel del Cristo no era ya más que un símbolo. La revolución irá adelante.

Percibiste, en tus palabras, la repiqueteante vibración de la insinceridad. Gedeón se llevó el dorso de la mano a la boca, para toser, y volvió a mirarte de soslayo. No había ternura esta vez en la mirada, pero su gesto no dejaba de ser afectuoso. La caravana se había encaminado por una avenida de menor anchura, para desembocar en el cementerio, y ahora le cerraba el paso un motín de jóvenes de la Pontificia Escuela Superior, que gritaban abajos a la revolución. El incidente los distrajo por minutos. Vieron cómo la guardia miliciana, inconfundible por sus chacós rojos, disolvía el tumulto con métodos de riguroso cientificismo, mediante la sola utilización de bastones. Un muchacho que sostenía una pancarta cayó de bruces, tú Gedeón y tú Angela lo vieron, con la cabeza manando sangre, sobre el pavimento. Los otros intentaron defenderse a pedradas y obligaron a las milicias a hacer unos cuantos tiros al aire. El asunto no pasó de allí. Los amotinados salieron en estampida. Al muchacho herido, lo entraron a empellones en un coche de patrulla. Fue un episodio aislado y sin importancia, pero, unido a la tensión general, conturbó por instantes tus nervios, Gedeón, y por instantes los tuyos, Angela, que lo vieron todo desde el automóvil sin capota. Por tu alma, Gedeón, cruzó un vaho de tristeza. Esta juventud que, por una u otra razón, se alzaba contra el régimen, cualquiera que éste fuese, te recordaba la tuya propia, tu juventud marchitada entre exaltaciones facciosas y sujeciones disciplinarias. La vejez empezaba a volverte escéptico. En ese ataúd que arrastraban allá adelante, sobre la cureña, se iba tal vez la más ferviente esperanza de tu vida. En Manuel del Cristo, reconociste siempre una ponderación de los hechos políticos que, aunque no se compenetrase por completo con la necesidad de reformas radicales e inmediatas propugnada por el partido, en cambio propendía a una mayor aproximación a la realidad. De esta consideración, y de la circunstancia de haber sido Manuel del Cristo asesinado, nacía ahora tu desasosiego. De soslayo volviste a mirar a Angela y sentiste piedad. No podías evitarlo. ¿Qué tempestad sacudía el espíritu de esta mujer, curtida en todas las inclemencias y durezas de la lucha revolucionaria? ¿Qué engranaje de espanto se sobreponía a su mente, ante la fatalidad de los acontecimientos? La conociste cuando era niña todavía, con la negrura de los ojos ya despuntando en el óvalo de un rostro que estremecía la inocencia, pero también la vida, encarnizada con ferocidad en ella a partir de la muerte de su madre. Adulta precoz, su carácter derivó hacia cierto género de inflexibilidad que la convirtió, a su turno, en autómata a las órdenes de un partido que la alimentaba de su savia tutelar, pero le vedaba el hallazgo de vertientes donde pudiera humanizar y racionalizar sus prematuras convicciones. Sabías bien que tus pensamientos implicaban una alevosía contigo mismo, pero fluían por tu cerebro, como un dictado de la edad o de la fatiga. Angela, joven heroína y prócer, sí, ¡a qué precio!

Guardaron silencio reverente, fija la vista en la cureña que transportaba el ataúd, hasta ver ante ustedes el pórtico del cementerio, lleno de alegorías macabras y de patriarcas barbudos tallados en la piedra, y con una imagen romántica de la muerte, esculpida en mármol y colocada encima de todo, a modo de dosel. El gentío se aglomeraba ahora, en un mutismo que era como una marejada de susurros, alrededor de la suntuosa fachada. Un hombre cuarentón, que vestía el traje de fatiga de las milicias, pero dejaba ver sobre el pecho un enjambre de condecoraciones y en el brazo los galones de comandante, se acercó a la cureña e hizo a un grupo cercano señal de que lo imitara.

El Land Rover se había detenido a cierta distancia de la puerta principal y, de gran número de vehículos, iba descendiendo la gente, para entrar a pie al cementerio. Ustedes anduvieron directamente hacia el pórtico y se situaron a un lado. El comandante cuarentón, ayudado por cinco civiles enlutados, encabezaba la movilización del féretro, que torpemente, como una embarcación al garete, empezó a derivar por entre la marea de gente. Cualquiera, no tanto por sus galones e insignias como por su talla monumental, casi comparable a la de Manuel del Cristo, lo habría identificado sin dificultad. El comandante Canelas era, a más de héroe de la revolución, el hombre escogido por el caudillo asesinado para sucederle en el poder, a la manera de los vicepresidentes en las repúblicas constitucionales. En otras palabras, era el nuevo caudillo, y sus barbas rebeldes contrastaban ya con el rostro rasurado que Manuel del Cristo lució en sus postreros días.

Los cinco personajes que compartían con él el privilegio de transportar el féretro, envuelto siempre en la bandera escarlata de la revolución, eran, cuando menos, diez años menores que Demetrio Canelas. Todos tenían, sin embargo, el rango de ministros. Tú, comandante Canelas, recordabas con un poco de amargura, en aquellos momentos, de qué modo Manuel del Cristo, salvo para la cartera de la defensa nacional, no quiso incluir héroes en su gabinete. Reclamó a profesionales jóvenes de todos los órdenes, siempre y cuando pudieran exhibir una tarjeta de afiliación al partido. Creía en el tecnicismo de Estado. A los héroes, en cambio, los colocó al mando de las milicias, o los llamó como consejeros, o los puso a cargo de astilleros y flotas pesqueras nacionalizadas, o los responsabilizó de las cosechas algodoneras, o les encomendó el auge de la industria del acero, o les confió las representaciones diplomáticas de mayor significación. Por circunstancia de excepción –y tú y el partido lo hicieron notar con mucha recancanilla en aquel entonces–, el ministerio de relaciones exteriores no recayó en ningún arrogante miembro de las nuevas promociones; pero ni siquiera en un miembro del partido. Lo ocupó, desde el comienzo, el respetable y sesentón doctor Santos Moreno, el mismo que negoció para la dictadura la recuperación de los cayos guaneros del norte, reivindicados por una potencia extranjera que, a la postre, terminó cediendo, gracias a los oficios del diplomático, la soberanía hipotética, aunque no el usufructo. No obstante, tú, Santos Moreno, fuiste el mismo, también, que obtuvo del dictador Zumárregui la excarcelación del secretario general del partido cuando éste era acusado de servir de enlace a intereses vinculados con el comunismo internacional. La revolución se veía, pues, forzada a considerarte hombre recto y, a pesar de tus antiguas inclinaciones centristas –«contemporizadoras», te diría en broma Manuel del Cristo–, nadie hubiese podido negar que eras el diplomático de mayor habilidad con que podía contar el nuevo gobierno, una especie de insustituible Talleyrand criollo, digno de la categoría de gran chambelán revolucionario.

Entre la muchedumbre que se apelotonaba junto al pórtico, tú, Santos Moreno, repensabas tu incómoda condición dentro del nuevo estado de cosas. No figurabas, era obvio, entre los ungidos que cargaban el féretro de Manuel del Cristo. Tampoco habías sido llamado por el comandante Canelas para pasar revista a la situación. Tu prestigio como remendón de rasgaduras y desgarraduras internacionales, de poco parecía servirte en momentos en que el poder caía en manos de la facción más intransigente del partido. Tus antiguas gestiones para Zumárregui empezaban a pesarte como estigmas; de meras anécdotas, pasaban a convertirse en pecados irreparables. Por lo demás, las acusaciones que lanzaste dos días atrás contra Angela Droz, te hacían sospechoso ante el Sanedrín revolucionario, te colocaban al borde de la desgracia. Fumabas bajo uno de los almendros de la entrada y en vano procurabas hallar con los ojos, entre el gentío, a Gedeón Núñez, tu único amigo a sobre haz, el único capaz de poner por ti la mano en el fuego, ahora que Manuel del Cristo colocaba definitivamente sus nalgas, maltrechas por las cabalgatas guerrilleras, en el solio inconcuso de los inmortales. Lo buscabas desde el momento en que concluyó el interrogatorio. Al principio, no caíste en la cuenta de que, en él, tenías el único socorro frente a la coyuntura en que te situaba el haber sido casi testigo de excepción del asesinato del caudillo. Luego comprendiste que el nuevo gobierno se empeñaba más en la búsqueda de un cordero propiciatorio que en la del verdadero criminal. Lamentaste el papelón hecho la noche del crimen, primero ante los disfraces reunidos en una salita del palacio de gobierno, y después ante los comisarios del pueblo. Deploraste haberte excedido en palabras. Ahora sólo te quedaba ir hasta el final, sostenerte en lo dicho, ampararte en tu dudoso prestigio y encarar los acontecimientos. Pero necesitabas la voz de aliento que sólo Gedeón podía darte. Valía la pena saber si, al menos, el viejo león estaba de tu lado.

Ni en broma querías imaginar que Gedeón estuviese escurriéndote el bulto. La verdad, sabías incapaz de semejante perfidia a tu antiguo condiscípulo. Entre todos los sicofantes y pontífices del gobierno, Gedeón Núñez era el único que conocía tus tempranas ejecutorias al servicio de la revolución y la lucha que, desde el vientre de su gobierno, como quinta columna, libraste contra el régimen de Zumárregui. Comprendías, claro está, que el haber combatido al servicio de la libertad en tu juventud y procurado minar desde la posición con que él mismo te distinguió, más tarde, a un déspota del que todos renegaban, no te eximía de los cargos que en contra tuya sustentaba, a pesar de todo, el partido. Pero suponías a Gedeón lo bastante pudoroso como para alentar, hacia ti, algún rescoldo de gratitud por tu actuación cuando el proceso que le siguió la dictadura. Por eso no alcanzabas a explicarte el eclipse del amigo, a quien sabías presente en todos los actos funerarios, pero cuya exacta ubicación no habías podido discernir, salvo en los instantes de mayor solemnidad, cuando era inútil intentar una aproximación y mucho menos un diálogo.

Irónicamente, Gedeón, perdido entre la multitud, se encontraba en ese momento a sólo nueve o diez pasos del lugar que ocupabas bajo los almendros; a su lado iba nadie menos que Angela Droz y ahora su gesto era de un ritualismo casi délfico, ante la proximidad de la ceremonia final. El ataúd del héroe pasaba por debajo de las arcadas del pórtico y se dirigía hacia la rotonda de los presidentes, donde sin ningún género de liturgia, sería sepultado en la húmeda tierra y no en ninguno de los nichos funerarios, por expreso deseo del caudillo. El comandante Canelas, a la cabeza de quienes lo cargaban, abotargaba el rostro en una mueca de dolor para disimular la ebriedad que en él motivaba el ascenso al poder. Tras la embanderada caja mortuoria, la multitud penetró de golpe, en remolino trémulo, a las avenidas y jardines, para irse diseminando poco a poco por el ámbito impregnado de un fuerte olor a incienso y a jacintos.

A lado y lado de la calle principal, arcángeles con trompetas y figuraciones macabras recordaban, cada uno a su manera y en diversidad de latinajos, que *pallida mors aequo pulsat pede pauperum tabernas regumque turres*. Glorificaban, en cierto modo, la necrofilia cristiana. Angela y Gedeón se dejaron arrastrar por la ola humana y, a trompicones, fueron a dar junto al féretro que navegaba ya, en derechura, hacia la rotonda. Cuando la muchedumbre se hubo explayado, marcharon al lado de los ministros y del nuevo caudillo, con la cabeza en alto –a diferencia de como suele llevarse en los entierros– y las cejas arqueadas en gesto luciferino, como para recalcar, ante propios y extraños y con cierto exceso de vanidad, la indignación que el asesinato del héroe les inspiraba; pero también la decisión de hacer valer y perdurar su pensamiento, a despecho de la ocurrencia fatal que abolía su presencia física, pero no su vigencia ideológica. Otra cosa era, por supuesto, la que te preocupaba a ti al divisarlos y, aprisa, sin conceder por ahora importancia a la presencia de la heroína contra quien habías lanzado, ante los comisarios del pueblo, gravísimas acusaciones, emprender una carrera a saltitos para no perderlos de vista.

En la rotonda el ataúd fue depositado, sin dilación, dentro de la fosa abierta en la tierra húmeda y olorosa a mantillo vegetal. Había llegado el momento de mayor altisonancia y el comandante Canelas se aprestaba a pronunciar unas cuantas palabras lapidarias, mientras grupitos de curiosos bregaban por introducirse en el centro de la circunferencia humana, apelmazada alrededor de la excavación. Gedeón y Angela se situaron a prudente distancia, ya que, aún dentro de la ética antagónica de la revolución, a quien fue sólo amante y no esposa del héroe, le estaba vedado el lugar de honor de la viuda. Allí los alcanzaste, gran chambelán, hombre torturado, y en tu angustia procuraste ignorar a la mujer y dirigirte, en forma exclusiva, al secretario general. Al comienzo, creíste logrado tu propósito. Gedeón te recibía con su habitual mirada de afecto. Pero pronto, por atracción casi hipnótica, tus ojos chocaron con los de Angela Droz, cargados de odio. Al fondo se oía la voz pomposa de Canelas, pidiendo al héroe nutrir con su cuerpo las raíces de la revolución. Con nerviosismo dejaste salir las palabras:

–Gedeón, te he buscado todo este tiempo.

Tu tono fue suave y sincero. Pero advertiste que Gedeón miraba con inquietud al sitio donde Angela sostenía su mirada de odio. Y viste abrasarse en cólera la cara oval de la mujer, y no pudiste evitar un sobresalto al ver a la viuda avanzar hacia ti con los labios apretados, para cruzarte de una bofetada el rostro y gritarte, con voz rota por la excitación:

–Hijo de perra malparida, ahora vas a ver con quién te metiste.

En aquel momento, Canelas remató su discurso e irrumpieron en la atmósfera del cementerio las trompetas de una marcha fúnebre. En tu conciencia quedó grabado para siempre el rostro congestionado de Angela. Dos palomas aletearon en el cielo. El primer golpe de tierra, seco y admonitorio, azotó la madera del ataúd. Las siguientes paladas no parecieron ya tan patéticas.

–Caballeros –dijo Gedeón, después de toser y parpadear de una manera apropiada a las circunstancias–. Vamos a proceder de inmediato a la lectura del expediente. Pero antes, con la venia de ustedes, me permitiré unas palabras extraoficiales y breves.

Las ideas se confundían y entrecruzaban en tu cabeza, como un ejército de avispas. La habitación, en la segunda planta del antiguo palacio de la Suprema Corte, era un recinto asfixiado y lóbrego, cuyas ventanas, a modo de enormes tragaluces, recordaban las de los conventos o las de las prisiones. Hablabas casi barbotando las palabras, sin poder ocultar el nerviosismo. Tus oyentes, reunidos en torno de una gran mesa de trabajo, seguían el hilo de tu discurso con una circunspección mezclada de abulia. La luz de la prima tarde parecía doblegarse mustiamente sobre los objetos, sin animarlos ni darles relieve.

–Sólo para recordarles –proseguiste, tratando de capturar en el vacío de tu mente algo inasible con qué superar los formulismos y llenar de persuasión y humanitarismo tus palabras– que la acusada, a pesar de los cargos que contra ella obran en este tribunal revolucionario, tiene a su haber un caudal de acciones heroicas al servicio de la nación. No quiero que, en modo alguno –añadiste aún, como buscando una disculpa en tu propia turbación–, mis frases se interpreten como una forma de coacción a la conciencia del tribunal. Lejos de mí tal propósito...

Es muy posible que, aquella tarde, al calor de algunas copas o entre los vapores del pozo de incertidumbre en el que estabas sumido, hubieses pensado, Gedeón Núñez, de manera casi inconsciente, que la revolución empezaba a convertirse en víctima de su propia imaginación demoledora. Al subir los peldaños angostos que conducían a las antiguas dependencias de la Suprema Corte, debiste sentir una desdibujada nostalgia por el viejo sistema de administración de justicia, con sus distintos tribunales de apelaciones y reclamaciones, y el recurso postrero de apelar directa y preceptivamente al máximo organismo judicial. Médico como eras, tus experiencias a la puerta de cierto consultorio de aldea determinaron, desde tu juventud, un mayor apego a las ciencias sociales y jurídicas, a las ciencias de la política. El recinto al cual llegabas no alojaba ya a magistrados legítimos de ninguna clase. El antiguo edificio de la Suprema Corte había pasado a ser, por decreto-ley de Manuel del Cristo, sede del Tribunal Superior Revolucionario, entidad todopoderosa que conocía de todas las causas penales del país, sin interferencia de tribunales de circuito. El derruído caserón albergaba también a algunos tribunales de aduanas, dotados de idénticos poderes, y a ciertas comisiones reglamentarias, cuyas funciones no eran muy claras.

Por contraste con la apoteosis solar del día anterior, el cielo era hoy una esponja goteante, estrujada a intervalos por el viento frío que bajaba de los cerros. Los milicianos apostados a ambos extremos de la puerta, te saludaron con una sonrisa. Eran ahora, como quien dice, los albaceas del caudillo, los encargados de sostener esta curiosa organización que rehusaba constituírse en sistema, este caudal relicto de disposiciones para las cuales no existía apelación, este estado de cosas por el cual tanto suspiraste en otras épocas y que, en estos momentos, se te antojaba apenas una faceta más de ese prisma acomodaticio que se llama el poder. «Acabamos de sepultar a Manuel del Cristo –pensaste al trasponer el umbral– y ellos sonríen ya, muy seguros de sí, porque saben que son la verdadera articulación del Estado. Que el diablo los hierva en sus pailas o Dios los proteja, si es que en verdad no son materialistas dialécticos. Esto está llevado del Putas». Habías cruzado el vestíbulo, saludando a diestra y siniestra, reparando por primera vez en el aspecto sórdido de la gente, y por la ancha escalera de mármol fuiste a internarte en el dédalo de pasadizos y recovecos de la segunda planta, hasta irrumpir en este recinto, lóbrego y penumbroso, donde se reunía la sala criminal.

–El delito cometido es el más grave que la justicia revolucionaria pueda contemplar –seguiste diciendo, al par que procurabas dar a las frases un tono ponderativo–. Pero, aun tratándose en este caso de un juicio en cierto modo sumario, pienso que los miembros del tribunal estamos en el deber de agotar las pruebas y multiplicar los requisitos de conciencia, antes de emitir un fallo condenatorio contra quien, en todas las demás acciones de su vida, se ajustó a las normas y arquetipos del ideal revolucionario.

Tus ojos se encontraron con los de Angela Droz, que vestía el sencillo uniforme de las milicias y procuraba alentar en su rostro un gesto de irrecusabilidad. Los apartaste maquinalmente, como si en las pupilas de la heroína hubieses hallado la raíz y la densa sustancia de tus propios remordimientos. Pero, en el otro extremo de la mesa, topaste entonces la cara asustada de Santos Moreno y te oíste hablar a ti mismo con la voz ronca, quebrada, llena de una indecisión que traducía, a la vez, dolor y cobardía.

–Angela Droz se jugó el pellejo con nuestro caudillo en la montaña –dijiste, esforzándote por evitar la solemnidad–. Hace cinco años yo me embarqué en un champán y bajé por el río para reunirme en secreto con ellos, allá en la selva donde nos acechaban la malaria y las fieras. Era cosa digna de verse, los guerrilleros compitiendo en mataduras con los caballos, pero con el ánimo en alto gracias a Manuel del Cristo. Angela Droz significaba para ellos, por entonces, algo más que un ángel tutelar. Su valor sobrepujaba al de los hombres más aguerridos. Sin ella, es difícil que nuestra gesta revolucionaria hubiera alcanzado término feliz. Nosotros, los combatientes de gabinete, si me permiten esta generalización un tanto arbitraria, tenemos que hacer un esfuerzo y comprender estos sacrificios, que supusieron abnegaciones muy superiores a la nuestra. Hemos arriesgado la vida aquí, en la ciudad, pero no tuvimos que contraer el paludismo ni que dormir con un ojo en vela por culpa de las alimañas.

Hiciste una pausa durante la cual trataste, en vano, de descifrar, en el rostro de los presentes, el efecto de tus frases. Una opacidad mate parecía esfuminarlo todo allí dentro, dando a la escena la severidad y neutralidad de un daguerrotipo.

–También, como secretaria de Bienestar Social del nuevo régimen –continuaste, ya con amagos de angustia en la voz–, Angela Droz contribuyó en respetable medida al progreso de las clases obreras y a la consolidación de nuestros propósitos. Su labor la conocemos todos, en mayor o menor grado. Ahora bien, como sé de antemano que la señorita Droz va a declararse inocente, ruego a los miembros del tribunal del pueblo hacer caso omiso de las exigencias del proceso sumario y auscultar, en lo que sea posible, las nuevas circunstancias y posibilidades que vayan ofreciéndose...

Pusiste ahora énfasis desusado en las palabras.

–En especial, señores, por cuanto concierne a la mancha violeta que apareció y desapareció, alternativa y misteriosamente, en el disfraz de la acusada, la noche del baile de máscaras.

La exhortación tuvo la virtud de sacar a la sala de su letargo y suscitar un inquieto murmullo de conversaciones por lo bajo. Te felicitaste en lo íntimo. La mención de la mancha violeta había obrado como un puntiagudo acicate sobre la fantasía de tu auditorio. Ahora, sin duda, el proceso rodaría por otros carriles y habría ocasión de estimular ciertos escrúpulos y recelos latentes. Remataste con celeridad el discurso:

–No es más, señores. Otras cosas pudiera añadir, pero prefiero hacer honor a la brevedad. Procedamos, pues, a leer el expediente y revistámonos, más allá del dolor que a todos nos abruma, de un espíritu de justicia.

Te tumbaste, casi pesadamente, sobre el sillón. En aquel momento te sentiste viejo y fatigado hasta la desmesura. La interpelación, agresiva y solemne, de uno de los miembros del tribunal, te cogió de sorpresa.

–Agregue usted, Gedeón –dijo el interpelante–: un espíritu de justicia *revolucionaria*.

Recibiste la frase como un picotazo en plena conciencia.

–Usted lo ha dicho, compañero –repusiste, fingiendo no darle importancia.

Pero el proyectil te había alcanzado. Por primera vez en tu larga carrera de servicios al partido, te sentías extraño en el medio revolucionario, como si el mundo, de improviso, se hubiese vuelto demasiado joven para los años que llevabas a cuestas. Entonces viste agitarse, allá al frente, la humanidad enclenque y meticulosa del fiscal del pueblo.

–Quiero dejar constancia –declaró Juan Garibay, con su voz habitual de tenorino– de que considero impertinente el discurso de Gedeón. Sugiero, además, suprimirlo de las versiones que se entreguen a los periodistas. Si el tribunal revolucionario accede a hacer concesiones por tratarse de una guerrillera, a quien hacían velar las alimañas mientras a nosotros nos permitían dormir a pierna suelta los esbirros de Zumárregui, inevitablemente despertará sospechas sobre la rectitud de nuestra justicia.

Diste ahora un respingo en el asiento.

–Advertí claramente que mis palabras eran extraoficiales –dijiste.

–En ese caso –reanudó el fiscal–, me permitiré agregar otras ideas extraoficiales, siempre y cuando se excluyan del acta del proceso que debe ser entregada a los periodistas.

–Habla, hombre –instaste, con infinita fatiga.

Hacía un rato, cuando entraste en la sala criminal, habías tenido ocasión de observar a Juan Garibay a tus anchas. El joven fiscal del pueblo te inspiraba una mezcla de repulsión y arrobo. Con ser el individuo más dogmático de cuantos conocieras, poseía, sin embargo, un particular encanto –localizado probablemente en la graciosa evolución de sus manos– que fascinaba a quienes lo oían. En el momento de llegar tú, Garibay se encontraba apoltronado en un extremo de la mesa y se dirigía, con desenvuelta sonrisa, a un grupo de magistrados.

–En un comienzo –discurría–, se consideró que el propósito y el fin del derecho eran mantener la paz. Ahora bien, ¿qué se ganaba con mantener la paz? Muy sencillo: se conservaba el orden social. De modo que el propósito y el fin del derecho eran, sin duda, preservar el *statu quo*. Lo que ningún filósofo del derecho pudo aclarar nunca fue para qué diablos se necesitaba, distinguidos amigos, preservar el *statu quo*. Nos decían: así se facilita la división del trabajo y el hombre ejerce libremente sus facultades naturales. En fin, la libertad estaba en el fondo de todo ese embrollo, agazapada como animal que se dispone a engullirnos.

Los años te habían enseñado a aborrecer este género de disquisiciones, salpicadas de hipocresía y mala fe. Si Juan Garibay no entendía cuáles eran el fin y el propósito de las ciencias jurídicas, ¿para qué se había tomado el trabajo de estudiarlas y doctorarse en ellas? Lo que ocurría era que amaba, con cierto desenfreno, las paradojas fáciles. Y esto, a ti, te sacaba de quicio. No obstante, la armonía y suavidad de los ademanes del fiscal, sin que pudieras remediarlo, te sumían en una especie de éxtasis moroso. Lo mismo cuando hablaba de los fines del derecho que ahora, cuando imponía su mirada, que quería ser profunda, sobre la sala, y desplegaba el juego de sus manos para hacerse oír de todos.

–Se trata simplemente de expresar mi solidaridad con todos los aquí presentes –dijo Garibay–. No puedo ni querría establecer diferencias. Angela Droz es una heroína de la revolución y goza de mis simpatías en forma no inferior a como las disfrutan, por ejemplo, Gedeón o el compañero canciller de la revolución– Santos Moreno le agradeció con una sonrisa nerviosa y una inclinación de cabeza– o los demás miembros del tribunal. Por desdicha, la compañera Droz va a ser juzgada por el asesinato de Manuel del Cristo, nuestro héroe máximo, y yo, como fiscal, me veo obligado a acusarla en nombre del gobierno revolucionario. Lo lamento, como lamento también que la compañera Droz haya rehusado los servicios de un abogado de oficio. En cierto modo, todo lo que aquí hagamos será terriblemente oficioso. Pero está de por medio un gravísimo atentado contra la revolución, que no podemos perdonar. Y, contrariamente a lo que piensa Gedeón, creo que es nuestro deber despojarnos ahora de las simpatías y los sentimientos de compañerismo. Haremos justicia revolucionaria, como bien lo dijo un compañero, miembro del tribunal. Nada más pero nada menos.

En la sala se oyó un murmullo de aprobación. Sopesaste, con un poco de asco, las palabras que acababas de escuchar. «Un gravísimo atentado contra la revolución, que no podemos perdonar». ¿Era lo único que la muerte de Manuel del Cristo inspiraba a Garibay? ¿Significaba aquella muerte, tan sólo, «un atentado contra la revolución»? ¿No contaba, para nada, el hecho físico de esa muerte, la desaparición de aquel leal amigo, aquel estupendo ser humano que era Manuel del Cristo? ¿En esto había parado el humanismo de nuevo cuño que tanto cacareamos en otros tiempos? «Llevados de la mano misma del

Putas». Si ellos supieran; si pudieran tasar la congoja que experimentabas, alma arriba, por lo ocurrido en el baile de máscaras. Y, sin embargo, aquí estabas, sospechoso ahora de quién sabe qué, controvertido por tus copartidarios, colocado –tú– en tela de juicio, sólo porque habías pedido no olvidar, no echar en saco roto las ejecutorias de una heroína del pueblo.

En aquel instante, la presencia de una majestad inequívoca se dejó sentir en el recinto. Fue como si un torrente de luz y autoridad se derramara sobre la sala. Angela Droz se había puesto de pie, majestuosa en su atuendo miliciano, y su espíritu imperioso y recóndito gravitó, recalando conciencias y sacudiendo cuidados temerarios, en el ámbito lleno de pequeños temores y formulismos acechantes.

–Coincido en absoluto con usted, compañero fiscal –declaró con voz penetrante–. El buen Gedeón se ha dejado arrastrar por su sensibilidad piadosa. Yo, en cambio, me limito a conminar al tribunal: condéneme si soy culpable, pero absuélvame si no lo soy. Lo que pido no es en modo alguno misericordia, sino rigor. Un rigor que permita al tribunal, por si antes no lo hizo, contemplar también la posibilidad de mi inocencia.

Por segundos, el tribunal pareció coagulado por corrientes de alta frecuencia. Un escalofrío trepanó tu espinazo, Santos Moreno, el contorno flexible de tus vértebras, y apretaste sin querer el brazo de tu sillón. Por boca de Angela hablaba la guerrilla, la intrépida heroicidad, la calma y la certidumbre máximas. Hábilmente, Juan Garibay sorteó el instante de tensión dirigiéndose a ti, Gedeón, que te hacías la promesa de callar hasta la exasperación.

–Está bien –dijo–. ¿No te parece que podemos empezar?

Y aún agregó, después de pasear la mirada, cargada de sarcasmo, por todas las personas reunidas en torno de la mesa:

—Porque supongo que las palabras de la señorita Droz tampoco habrán de incluírse en las actas oficiales.

Nadie pareció coger al vuelo la sutileza. Te limitaste a inclinarte sobre el expediente, un gran legajo de papel sellado, escrito a máquina. Era evidente que te esforzabas por ocultar sentimientos anonadantes. El ámbito se colmó ahora de algo dúctil y acomodadizo.

—El informe de la guardia miliciana —comenzaste, dando a la voz un nuevo matiz neutro— se refiere al momento en que Manuel del Cristo fue encontrado muerto en la terraza oeste del palacio de gobierno, la noche del baile de máscaras. Se calcula que eran aproximadamente las doce y cincuenta cuando los guardias que hacían la ronda en el costado suroccidental escucharon los gritos...

Cuando los guardias que hacían la ronda en el costado suroccidental escucharon los gritos, aún saturaban el aire las notas alegres del minueto de Exaudet. La claridad de la noche no era propicia a sobresaltos, de modo que los dos hombrachones, encendiendo un nuevo cigarrillo, se interrogaron con los ojos y llegaron a la silenciosa conclusión de que alguien se había pasado de copas en el festín oficial.

En el instante en que la lumbre de la cerilla les fantasmagorizaba los rostros, unos ladridos remotos acentuaron en sus corazones la tranquilidad nocturna. La mole del palacio, que fue en otros tiempos morada de los virreyes, se levantaba, junto a ellos, siniestra a pesar de la iluminación múltiple con que la exornaba la tradición del baile de fantasía. Era un alcázar sin ínfulas de fortaleza, con dobles columnas y capiteles cúbicos en la fachada, y terrazas con jardines que rodeaban la parte superior. Esta noche, su sola presencia, impuesta como un miraje sarraceno sobre las techumbres acanaladas de la ciudad colonial, parecía inspirar sosiego a pesar de los horrores que fatalmente evocaba y, en especial, de la leyenda del arzobispo virrey. Al pasar bajo el balconaje florido de la terraza oeste, la pareja de milicianos oyó chirriar, a pocas cuadras, los frenos de un auto en marcha. Entonces volvieron los gritos, esta vez horadantes y trágicos.

–¡Paren la música! ¡Algo le ocurre a Manuel del Cristo!

Pero aún siguió el minueto por un rato. El minueto de Exaudet, dulzón y sabroso, que imponía de siglo y medio atrás, como fondo de esta celebración anual, la tradición de los libertadores. Tú, Santos Moreno, encorvado en la soledad de la azotea sobre el cuerpo yacente del caudillo, introducías la mano con desesperación por entre los botones de la guerrera, tratando de hallar el sitio del corazón. Tus ojos saltaban de aquí allá, imaginando siluetas en fuga por el follaje del jardín. Al retirarla, tenías la mano empapada de sangre.

–¡Vengan todos! ¡Paren la música! ¡Ha ocurrido una desgracia!

Te habías quitado el antifaz y un sudor pegajoso te ensopaba el rostro. Ahora sentías miedo: miedo del asesino oculto muy cerca tuyo, tras los setos vivos de la terraza, en alguna parte. El traje de arlequín entorpecía tus movimientos. No supiste cuándo cesó la música; no intuíste siquiera, en tu mayúscula turbación, el instante sobrecogido en que los violines desafinaron, el piano varó en un fracaso de notas destempladas y la concurrencia que colmaba el salón desbordó sobre la terraza, al aire libre, como si el edificio estuviera siendo sacudido por un terremoto. Estabas sumido en un vértigo de sangre y fatalidad amazacotadas. El pánico no te permitió discernir en qué momento te rodeó un vociferante y pintarrajeado tumulto de polichinelas, colombinas, pierrots, pelucas empolvadas de Versalles, abultadas mangas y miriñaques del Renacimiento, tiesas gorgueras de Holanda, holgadas túnicas medievales y púrpuras romanas, que daban voces y se desplazaban de un punto a otro en persecución de un criminal medio furtivo y medio imaginario.

–¡Miren! ¡Miren! –gritabas–. ¡Miren lo que le han hecho!

Tu voz era un sollozo convulso y chocante, que pronto quedó ahogado por el desorden y la agitación de la gente. Sin apenas darte cuenta, estabas sentado, junto al cuerpo del caudillo, en posición de loto, y mirabas a los demás con los ojos arrasados de lágrimas, olvidado por completo de tu dignidad y de tu jerarquía de ministro. De pronto, en medio de la confusión de gritos, bisoñés caídos y gesticulaciones de desesperación, viste emerger a Gedeón Núñez de entre una cogulla de monje y avanzar aprisa hacia el cuerpo yacente. El secretario general se arrodilló para examinarlo.

–¡Lo mataron, puta vida! –dijo al incorporarse y luego, como situando la culpa en un sitio impreciso: –¿Y éste es el pago que le dan, cabrones? ¡Hablen, por favor! ¿Qué pasó?

Pero la trifulca sofocó también su voz. La gente había ido sacándose caretas y capuchas y, de heteróclitos disfraces, surgían ahora los rostros demudados de Demetrio Canelas, de Fergus Atkinson, de Serguei Bukovski, de Juan Garibay, de toda la plana mayor del cuerpo diplomático, el gobierno y el procerato de la revolución. Nadie sabía qué hacer, pero todos trataban de hacer algo, ya fuera otear desde los balcones por ver si el asesino era todavía visible sobre los tejados o por las callejuelas de la vecindad, o palpar con angustia el cuerpo del caudillo con la esperanza de suscitar un movimiento o sorprender un amago de respiración. Las mujeres, en sus dominós, sus fantasías de brocado, sus sultanas de Bassora, sus vestales latinas o sus bailarinas de Ecbatana, se apretujaban contra los hombres simulando buscar protección. La presencia del victimario parecía olerse en el aire.

–¿Quién cometió esta infamia? ¿Dónde está el hijo de la gran puta? –seguía aullando Gedeón, sin ser oído, electrizado al pie del cadáver que ya, a través de la guerrera, dejaba ver la herida abierta a quemarropa en el lugar del corazón.

Ver a Manuel del Cristo tendido allí, sin vida (¿lo recuerdas, gran chambelán?), era como haber presenciado el derrumbamiento de un coloso. Como si un agua glacial hubiese penetrado, de golpe, las grietas erosivas del monolito de la revolución y lo resquebrajara hasta la catástrofe, reduciéndolo a finas lascas esparcidas por un arenal sin término. La impotencia hervía en el alma de todos y el único pensamiento era el de hallar, así fuese con las antenas momentáneas de la intuición, al responsable de aquella monstruosidad.

–Que alguien me diga pronto lo que pasó –vociferaba Gedeón todavía, en el paroxismo del estupor y de la ira–. Esta cosa impía la van a pagar cara. Que alguien me diga. Alguno de ustedes. Que cualquier cabrón me lo diga. Estoy a punto de no responder de mí.

Orgía de locura, confusión y un poco de ridiculez, Santos Moreno. Demetrio Canelas y Juan Garibay, en sus disfraces de arconte y torero, se habían situado también junto al cadáver y, de hito en hito, observaban con aparente frialdad tus movimientos desorejados. Pues tú, gran chambelán, que habías ido irguiéndote poco a poco, sólo ahora empezabas a percatarte de la situación en que te encontrabas. Te habían sorprendido, a solas, con el cadáver todavía caliente del caudillo; eras tú la sola clave, la sola cartografía para sondear el enigma que empezaba a cifrarse y complicarse en la conciencia de todos; en ti recaerían, de momento, las sospechas. Por un instante, te sentiste perdido, condenado por los siglos de los siglos a los potros de tortura de la revolución, cocinado en las calderas de los inquisidores revolucionarios, Jonás en el vientre de la ballena y triturado por los jugos pancreáticos del monstruo... Viste tu mano derecha tinta en la sangre de Manuel del Cristo y el alma te dio un vuelco.

–Estábamos aquí... con él... –balbuceaste, sin otro requerimiento, tratando de apoyarte en el hombro de Gedeón Núñez y manchándolo también, inconscientemente, con sangre de la víctima–. Conversábamos... Su tema permanente... Las franquicias para el algodón... Se veía optimista... Entonces *ella* me dijo... Me dijo que bailáramos el minueto.

–¿Quién? –se volvió el secretario general, con una rabia irracional en los ojos y a flor de labios.

El cadáver del héroe yacía junto a ustedes, con la mirada extraviada en el árido limbo de la muerte y, en todo él, esa especie de pesadumbre infinita que parecen sobrellevar los difuntos. Apenas a unos centímetros de su mano derecha, una copa destrozada había desparramado por el suelo el *Beaujolais* oscuro que contenía. En los jardines y en las fuentes recatadas por arbustos proseguía la insensata, pero desaforada búsqueda del asesino. Ujieres, guardaespaldas y camareros, con revólveres desenfundados, escudriñaban hasta el más miserable recodo. Aún era de desear, sin embargo, la presencia de guardias milicianos. Nunca hasta este momento se advirtió, con tan clara ansiedad, el estado de desguarnición en que Manuel del Cristo mantenía al palacio.

Maquinalmente continuaste.

–¿Quién? Pues... ¿quién otra habría de ser? Ella, quiero decir, Angela Droz... Dejamos a Manuel del Cristo aquí... Fumando...

Gedeón lanzó la vista en todas direcciones. Ahora caía en la cuenta de su ausencia. Trataba de localizar a Angela Droz entre el montón de gente.

–Angela. ¿Dónde está Angela? –inquirió en vano, mientras Canelas y Garibay intentaban también ubicarla aquí o allá–. ¿Estabas con Angela cuando lo hallaste muerto?

Vacilabas sobre las piernas. Tus respuestas daban una impresión escurridiza. Los disfraces, yendo de un lado para otro, prestaban a la escena un aspecto de fantasmagoría, de tramoya macabra; pero sólo tú, Santos Moreno, resultabas grotesco y estrafalariamente estúpido en tu arlequín de losanges policromos.

–Sí... –respondiste–. O mejor... Ella... Escapó hacia el salón. Estoy demasiado confundido. Déjenme aclarar las ideas. Ella me pidió que bailáramos. Y la conduje al salón...

–Pero... ¿Manuel del Cristo? ¿Quedó sólo? ¿Aquí? –interrogó Garibay. Con aquel ceñido traje de luces, el fiscal del pueblo te parecía más afeminado que de costumbre. Pero, en estas circunstancias, su talante no resultaba divertido, sino monstruoso.

–Sí, sí, por supuesto... Ya saben que él y el baile eran tan incompatibles, como el calomel y la sal... –Sentías crecer tu miedo. La mirada de Demetrio Canelas, cuya serenidad era ficticia pero desconcertante, te arponeaba sin piedad–. Bailamos unos compases... O no... ¡Ni siquiera llegamos a bailar!... Ella me pidió esperarla mientras iba al tocador de mujeres. Al cabo de unos segundos, me envió razón con un ujier. Me pidió volver al lado de Manuel del Cristo. Cuando llegué a la terraza oeste, la vi venir en dirección contraria a la mía. Venía del sitio donde habíamos dejado a Manuel del Cristo. Esto no tenía por qué sorprenderme. Le dije algo sobre esa mancha violeta, pero Angela huyó hacia el salón sin responder. Entonces vi a Manuel del Cristo, tumbado allí y... –tus frases cortas se quebraron a pesar de los esfuerzos que hacías, como si el recuerdo de tu primer encontrón con el cadáver golpeara peor tu mente que la presencia sostenida del mismo–: ¡qué infamia!, ¡qué infamia!

A ninguno resultó clara, sin embargo, en medio de la confusión, esta versión deshilachada que aportabas. El caudillo estaba allí, asesinado, y tus palabras, gran camarlengo, nada informaban sobre tan protuberante cuestión. Ni el baile del minueto, ni el ujier, ni la mancha violeta, ofrecían, a simple vista, significado alguno. Por un instante, Gedeón desconfió terriblemente de ti. Luego pareció recapacitar y dijo, ahora en tono más suave, mientras con un gesto hacía desistir a Demetrio Canelas de su mal disimulada intención de intimidarte para que lo desembucharas todo:

–Está bien. Ya tendrás ocasión de explicarte mejor.

La frase no era, en modo alguno, tranquilizadora. El secretario general se debatía todavía en la perplejidad y la ira, pero comprendía la necesidad de salvar, ante todo, a la revolución, que tambaleaba hacía ya largos minutos sobre su base. El comandante Canelas se creyó entonces en el deber de sugerir:

–Un médico, Gedeón... Podría estar vivo.

El secretario general sonrió por primera vez.

–Olvidas que estudié medicina –dijo–. Y que, aunque me haya ejercitado más en la revolución, sé muy bien cuándo a alguien se le ha acabado la cuerda, créemelo. Ahora bien, hagámonos un juramento: por nuestros cojones juremos que este crimen no va a quedar impune.

Se miraron unos segundos, de frente. Luego Gedeón se volvió hacia los demás.

–¿Alguien tendrá la bondad de decirme dónde diablos está Angela Droz?

Con su túnica de geisha y una gran máscara japonesa, Angela apareció en ese instante en el vano que conducía al salón, el mismo por donde se suponía, según tu versión mal hilvanada, que había huído hacía algunos minutos. Las miradas convergieron, sin reconocerla y casi por un fenómeno de magnetismo, en el impresionante disfraz que, inmóvil y solitario como un repentino fantasma, convocaba en su torno un halo de magia y pavores orientales. ¿Sin reconocerla? Sí, chambelán, aunque tú al rompe la reconocieras, porque ese disfraz de geisha lo tenías inscrito en la mente con perfiles de fuego.

Gedeón salió a su encuentro agitando los brazos.

–Aquí estoy. ¿Qué ocurre? –dijo la mujer.

El secretario general le respondió con cólera e ironía.

–Nada, chica, nada en absoluto. Sólo que acaban de asesinar a Manuel del Cristo. ¿Dónde demonios estabas?

La geisha se arrancó la máscara de un tirón y dejó al descubierto su atónito rostro hermoso. El dolor se reflejó en sus ojos como el paso de una hueste bárbara. Las manos iniciaron una crispatura y las hundió en el pecho de Gedeón para indagar, con la angustia amotinada en la garganta:

–¿Dónde está Manuel del Cristo? ¿Dónde?

Más de cincuenta personas vieron, en aquellos segundos, desmoronarse ante ellas la imagen de granito de la guerrillera. Más de cincuenta, tú entre ellas, tú que no dabas crédito a los ojos. Angela Droz parecía haber recibido un golpe de mazo en el centro de su actividad vital. Gedeón agachó la cabeza y, con ademán brusco pero inevitable, le indicó el sitio, medio oculto por el gentío, donde el caudillo, boca arriba en el piso de baldosas, abstraía en el vacío los ojos desorbitados, como asombrado de su actual y súbita inexistencia.

La escena no cobró, sin embargo, el patetismo que algunos empezaban a temerse. Fue, más bien, una especie de acto simbólico, un cuadro elocuente y sincero de mímica oriental en el que Angela avanzó, lenta y crispada, grandiosa en su disfraz a pesar de la embestida sísmica que la estremecía, hasta el lugar donde su amante dormía el híspido sueño de los mártires, para quedar petrificada frente al cadáver, con las lágrimas en suspensión y la boca contraída, evitando el sollozo; para permanecer allí, en un silencio que envolvió a todos los presentes, reagrupados ya alrededor del héroe, todo el tiempo que tú necesitaste para comprobar con desesperación que la mancha violeta había desaparecido nuevamente de su kimono de geisha y hasta el instante en que un oficial de la guardia miliciana, que había llegado al mando de una fracción de tropa, la retiró con delicadeza para dar principio a las diligencias.

Estaban ahora en una de las salas privadas del palacio de gobierno. Llevaban todavía los disfraces y, tanto tú como Gedeón, conservaban en sus atuendos huellas de sangre. Angela Droz, a corta distancia del grupo, se había derrumbado en un butacón y hundía el rostro entre las manos, tratando de aislar su dolor. Habían tenido que pedirles a Serguei Bukovski y Fergus Atkinson que volvieran con los demás; los embajadores de las grandes potencias insistían en meter las narices dentro de la investigación que se iniciaba. La rápida asunción del mando por Demetrio Canelas –realizada, sin protocolo, en una breve ceremonia de juramento presidida por Gedeón, minutos antes, en este mismo recinto– les acababa de dar oportunidad de husmear en las intimidades del gobierno revolucionario. Intimidades que, hasta esa noche, Manuel del Cristo había sabido preservar con celo.

Juan Garibay era ahora el llamado a hacer las preguntas. Se acercó a Angela con cautela que era casi reverencia y apoyó las manos en los hombros de la mujer, en gesto mitigador, antes de hablar.

–Necesitamos que te sobrepongas un poco a esta pena que todos sentimos –razonó–. Es imprescindible que nos pongamos al corriente, cuanto antes, de las circunstancias que antecedieron al asesinato. Trata de decirnos cuándo lo viste con vida la última vez.

La mujer apartó las manos y se quedó mirándolo, con la vista nublada, como si le estuvieran hablando en lengua desconocida. Luego pareció reflexionar, con cierta nerviosa premura, aunque esforzándose a todas luces para no perder el sentido de la realidad. Sus ojos adquirieron una suerte de brillo metálico, antes de pasearlos, húmedos e imputadores, por todos los presentes y detenerlos en ti, Santos Moreno, que no pudiste evitar un estremecimiento.

–Mejor pregúntaselo a él –dijo señalándote y con voz entrecortada–. Estábamos juntos cuando lo vi por última vez. Le pedí bailar conmigo. Lo dejamos allá, en la terraza oeste. No volví a verlo vivo.

Las palabras, pronunciadas con intermitencias totalmente inusuales en la guerrillera, produjeron un efecto de desencanto. Su metal era bronco y desapacible. El rostro de Angela Droz parecía roturado por la congoja. Se había quedado con la vista fija en ti y daba la impresión de estar formulando una acusación. Tú, gran chambelán, sin saber por qué, palideciste ahora y hablaste como si lo hicieras sólo para ella, en tono casi de intimidad y con un dejo de asombro.

–Sí que volviste a verlo, Angela –encareciste–. Me dijiste que ibas al tocador de mujeres. Luego enviaste a un ujier para pedirme que regresara junto a Manuel del Cristo...

Había en tus frases un tono de súplica que no te favorecía mucho frente a los demás. Tu mirada saltaba de un lado a otro, con irresolución que acentuaba, en todos, la suspicacia. Sabías que empezabas a caer por un hondón en cuyo fondo te aguardaba, para engullirte, el monstruo sulfuroso y hediondo que conturbó, de meses atrás, tus noches; un precipicio de baba y pegote que ocupó tus sueños hasta anoche mismo y que hoy, de repente, irrumpía en la realidad, cristalizaba en ella con su endriago de pesadilla, allá abajo, pronta la lengua para zamparte en su bocaza que hedía a bosta de demonio. El rostro oval de Angela Droz recobró, en aquel momento, su habitual dureza. Te observó con desprecio minucioso y dijo, ante el progresivo desconcierto de los demás:

–Jamás envié a ningún ujier para pedir a usted cosa alguna.

Sentiste en tus carnes la urticación de las miradas, excoriadoras como la grava de aquel precipicio, y el miedo te creció sin cortapisas. Reíste a la fuerza, tratando en balde de disimular tus temores.

–Qué absurdo, Angela. Será fácil comprobar lo que digo, interrogando al ujier.

Qué absurdo, gran camarlengo. Tanto Juan Garibay como tú –Gedeón– y como el propio comandante Canelas, que parecía ya arrobado por las delicias del poder, comprendieron que la tirantez empezaba a hacer su crisis entre las dos únicas personas que hablaron con Manuel del Cristo a escasos minutos del asesinato. No estimaron prudente, sin embargo, interrumpir el diálogo pungitivo, la lucha sorda entablada entre ambas. Era preciso, al fin y al cabo, dar –y cuanto antes– con una pista sobre la identidad del asesino, o la curiosidad de Atkinson y Bukovski, así como la sed de información de los periodistas apostados a las puertas del palacio, terminarían por dar al traste con el precario equilibrio en que se sostenía la revolución. Canelas había ordenado, a estas alturas, una gigantesca movilización militar que serviría, por unas cuantas horas, para entretener la avidez de los observadores y refrenar la estupefacción y la ira del populacho. Pero se imponía una explicación a la opinión nacional y extranjera y, hasta el momento, la única clave se cifraba en este diálogo borroso entre dos miembros del gobierno que, por igual, daban la impresión de querer achacarse la culpa. La tensión se tornó, no obstante, excesiva, aún para Garibay, tan fogueado en este género de careos, a partir del instante en que Angela, cerrando los puños y apretando los labios, clavó en el pobre Santos Moreno la llamarada de los ojos para decir, en forma que dio una sensación de cálculo:

–Miente.

A la vigilancia y el ordenamiento de tu mente no escapó ahora, Gedeón, una circunstancia: la respuesta de la heroína, en lugar de simplificarla, enriquecía en posibilidades la situación. No se trataba sólo de que alguno de los dos, Angela o Santos Moreno, mintiese de manera deliberada. Resultaba claro que ambos podían hallarse en un error, ser por partida doble víctimas de un hábil embaucamiento. Acariciaste con fruición la idea. Pero pronto comprendiste que, si en tal forma te entusiasmaba, era porque te permitía absolver, en tu interior, tanto al uno como al otro, sin obligarte a inclinar la báscula de tu indulgencia en favor de uno solo de ellos, en detrimento del segundo. Te sentiste decepcionado. Tu viejo rigor mental te traicionaba. Oíste a Angela Droz remachar su descargo:

–No me dirán que él dio el aviso sobre la muerte de Manuel del Cristo. En ese caso...

Te creíste en el deber de interrumpirla:

–Por favor, no acusemos a nadie todavía. La inocencia o culpabilidad de cualquiera será fácil establecerla antes de una o dos horas, con ayuda de la guardia miliciana.

La afirmación tuvo, sobre los presentes, efectos instantáneos. El comandante Canelas aprobó con vehemencia, como si él mismo hubiese allanado el camino. El gran chambelán se iluminó, con alegría angélica, de sólo pensar que estaba salvado. Juan Garibay, en cambio, meneó la cabeza con incredulidad; no compartía tu optimismo. Sólo Angela Droz pareció no comprender. Te miró con desconcierto y, en sus grandes ojos húmedos, leíste un pedido de aclaración.

–Es muy simple –te apresuraste a explicar–. Manuel del Cristo fue muerto de un tiro en el corazón. Las pruebas de laboratorio determinarán quién retiene, en sus manos, guantes o disfraz, restos de pólvora.

La mujer inclinó la cabeza, visiblemente desilusionada.

–El experimento será eficaz sólo en forma parcial –opinó entonces Garibay, muy serio en su atuendo de torero–. Quiero decir, lo será únicamente en cuanto hace referencia al doctor Santos Moreno.

El comandante Canelas, que a pesar de su nueva investidura llevaba todavía el sucinto atalaje de un arconte, creyó oportuno, a estas alturas de la conversación, exponer su punto de vista.

–Entiendo lo que quieres decir –conceptuó–. El doctor Santos Moreno, que es diplomático de carrera, no acostumbra entrenarse con armas de fuego ni usarlas para nada en la vida diaria. Será fácil eximirlo de culpa si no presenta rastros de pólvora o procesarlo si los presenta. Angela, en cambio...

Su tono había sido frío, pero se tornó afectuoso al referirse a la heroína. Garibay concluyó la frase:

–Angela practica diariamente el tiro al blanco. La prueba no tendrá valor en ella.

La guerrillera se puso de pie, imponente en su atavío de geisha. El despecho y la cólera la congestionaban y, en sus ojos, brillaba ahora el apremio de reivindicación.

–¿Debo entender que contemplan la posibilidad de acusarme? –protestó, con furia de majestad ultrajada–. ¿Están locos? Saben muy bien que hubiera dado mi vida por la de Manuel del Cristo. Hace poco, de hecho, estuve a punto de darla. ¿Han olvidado la confabulación de agosto? ¿Cómo, siquiera, pueden abrigar semejante sospecha? Yo fui su lugarteniente, su esclava, su amante... Es estúpido lo que insinúan. ¿Cómo se atreven a ofender, de esta manera, su memoria y mi dignidad?

Tropezó, entre la aprensión y la reticencia de los ojos que la observaban, tu mirada bondadosa, Gedeón.

Fue, para ambos, una coyuntura penosa, que intentaste difuminar lo más aprisa posible.

–No se trata de acusarte, amiga mía –dijiste–, sino de poner todas las cartas sobre la mesa. Las embajadas acreditadas ante nuestro gobierno exigirán un informe muy cuidadoso. Los periodistas harán preguntas. Lo que queremos es, precisamente, demostrar tu inocencia. ¿Comprendes? De resto, las pruebas de laboratorio hallarán huellas de pólvora en tus manos, pero no en tu disfraz. No tienes nada qué temer.

–Hay algo que no entiendo –insistió la mujer, sin abandonar su aire de diosa humillada–. En primer término, que las sospechas, cualesquiera sean sus fundamentos, recaigan sobre mí, que tengo derecho a considerarme insospechable. Ni el cuerpo diplomático ni los periodistas tienen por qué meter baza en esto. Son pretextos. Estamos ante un hecho que debe dirimir la justicia revolucionaria. En segundo lugar, caso de que el doctor Santos Moreno demuestre su inocencia, ¿no es lógico pensar en una tercera persona, alguien que huyó por los tejados, un asesino a sueldo, un mercenario de la reacción o del propio imperialismo? ¿Dónde está el método revolucionario, si ustedes se permiten dudar precisamente de quien lo sacrificó todo por la revolución?

Tus argumentos hubieran sido irrefragables a la luz de una buena demagogia de partido. Lástima de discurso desperdiciado, Angela, pero Juan Garibay sabía muy bien que, en este caso, sería necesario arrojar algo más a la voracidad de los buitres, imponer a la investigación un toque más severo de juridicidad. Por eso observó, guardándose de no volver a herirte:

–Quienes te acusamos no somos nosotros. Es el

doctor Santos Moreno, que da una versión especial de los hechos.

–Pero miente él –perseveraste– cuando afirma que envié a un ujier para pedirle volver junto a Manuel del Cristo. La verdad es que nos separamos en el salón de baile. Fui al tocador de mujeres y regresé cuando todo estaba consumado y ustedes rodeaban ya al cadáver. Tú, Gedeón, me viste llegar. ¿Qué necesidad tenemos de estas explicaciones? Si el canciller es hombre..., hombre a secas, tendrá que reconocer que el asesino pudo haber sido cualquiera. Cualquiera que fue a la terraza oeste, desde el salón, mientras bailábamos el minueto. No necesariamente yo. ¿Por qué yo?

Santos Moreno mantenía gacha la cabeza. Te asediaban pensamientos sombríos, gran chambelán. Sabías que la prueba de parafina bastaría para demostrar tu inocencia, pero ¿qué harías frente a esta leona, esta agreste enemiga a quien habías tenido la falta de tacto de implicar con tus declaraciones? ¿No llevabas todas las de perder en una batalla contra quien era venerada, *ex corde*, como heroína del pueblo? Lo peor de todo era que, llegados los comisarios, tendrías por fuerza que repetir la acusación, a fin de no incurrir en contradicciones. El proverbial poder del testigo, puesto en tus manos por el azar o por algún extraño cálculo, en vez de fortalecerte, te hundía sin remedio. ¿Qué viacrucis, pensabas, deberías arrostrar de aquí en adelante, frente a las iras de esta mujer a la que sabías implacable? Cuarenta años de vida pública se desmoronarían, como una casa de barro, ante el vendaval que desatarían las iras de Angela. Tus propios hijos, que coqueteaban ya con las altas posiciones, ¿no verían truncas sus carreras y destrozadas sus vidas? ¿Qué calamidades no podrían sobrevenirles? Nunca fue, para ti, tan acerba la existencia, como cuando oíste a Gedeón dirigirse a la guerrillera en términos que no harían más que coadyuvar a tu desgracia.

Y tú, Gedeón, ¿qué dijiste?

–Tienes razón –dijiste–; sólo que el doctor Santos Moreno afirma haberte visto salir de la terraza oeste, en dirección contraria a la suya, en momentos en que acudía al reclamo del ujier, o sea, cuando halló el cadáver de Manuel del Cristo.

Y, muy a pesar tuyo, como corolario de lo anterior:

–Este es el hecho fundamental que debe quedar aclarado. De ser verdad lo que asegura el compañero ministro, no se explica el que te abstuvieras de dar la alarma, a menos que (cosa muy improbable) no te percataras por alguna razón de lo que ocurría o tuvieses algún motivo, aún más inextricable, para callar.

El óvalo de la cara de Angela volvió a congestionarse y su respiración se espació en intervalos de angustia. Era, ahora, una bestia ferozmente femenina y con ganas de embestir. Como en una apelación final a la lógica, se dirigió al grupo, con voz que deseaba imponer autoridad, pero que dio más bien una sensación de súplica:

–¿No resultaría más interesante –encareció– tratar de averiguar por qué miente este miserable de Santos Moreno?

Y, acto seguido, avanzando unos pasos para encarar al canciller, como si no pudiera contener ya el despecho y la cólera:

–¿Por qué mientes? ¿Por qué, hijo de puta?

Santos Moreno enrojeció y procuró esconder el rostro todo lo que pudo, casi incrustándolo en el pecho. Volviste a terciar, Gedeón. Querías a toda costa restar gravedad al enfrentamiento, así tuvieras que traicionar nuevos e íntimos presentimientos.

–Angela –dijiste–, debes serenarte. Ten presente que bastará una prueba de laboratorio para demostrar que, en tu disfraz, no hay vestigios de pólvora y, por tanto, no pudiste ser la persona que disparó sobre Manuel del Cristo.

La mujer se volvió hacia ti con las manos en ademán de dar un zarpazo. La desesperación fermentaba en su fisonomía.

–Gedeón, estúpido –aulló–. Comprende que se trata de otra cosa. Se trata de que nadie, aquí, debe tolerar esta infamia. Se trata, además, de que la prueba de laboratorio no va a resultar como te lo figuras. La prueba de laboratorio demostrará que hay, en efecto, vestigios de pólvora en mi disfraz.

El comandante Canelas dejó escapar, ahora, un largo y elocuente suspiro. Se plantó frente a un descomunal espejo de marco florentino, legado de la época virreinal, y observó a los demás en la luna plateada para informar, con un poco de desgano:

–Eso puedo yo atestiguarlo. Manuel del Cristo, Angela y yo estuvimos practicando el tiro mientras esperábamos a los invitados. Es fácil comprobarlo con la servidumbre. Todavía, en algún jardín de la terraza sur, ha de estar el objetivo de tela que empleamos.

Sobre el grupo gravitó un oscuro desencanto. Santos Moreno, desde el instante en que recibió el agravio de la heroína, estaba clavado en su sitio, con la vista perdida en el ajedrez de las baldosas. Juan Garibay encendió un cigarrillo y empezó a pasear la vista, palmariamente confundido, por la hojarasca primorosa de la tapicería flamenca que cubría las paredes. Angela Droz, en su kimono de geisha sin mancha violeta, te observaba de modo indescifrable, como proponiéndote un desafío. La llegada de los comisarios del pueblo, listos para emprender las indagatorias, puso fin a aquellos insalvables segundos en que todos creyeron odiarse como gladiadores en la arena. Al derrumbarte en uno de los butacones, para dejar que todo corriera al amaño del destino y ser no más un espectador neutral, te sentiste, Gedeón, lleno de ese fastidio que sólo produce la vida.

II

–Demora el Mauro –dijo Sabina, vigilando las brasas–. Nunca, desde los tiempos de la guerrilla, tardó tanto en regresar.

–Cuídate de esos ires y venires –previno Constanza, batiendo el chocolate en la jícara–. Dicen que el pobre, si porfía, al fin saca mendrugo, pero a mí me parece que lo único que el Mauro va a sacar son dolores de cabeza y privaciones.

–El Mauro –rezongó Maruja desde su rincón, donde bebía a sorbitos la infusión de toronjil– tiene la pata metida hasta el corvejón. Eso se ve.

–Y el patituerto –opinó aún la Berenguela, que soplaba el fogón con un pedazo de esparto entretejido– no ve su patituertear. Necesita consejos de mujer, Sabina.

–¿Consejos de mujer? –gorjeó Sabina, mostrando la boca desdentada y tratando de quitar gravedad al asunto–. No seas fatua, Beren. El Mauro saca lo suyo al mercado. Y puede que hieda lo que vende, pero él a mí no me hiede. A nosotros, a estas alturas, las cosas nos entran por el buche y no por las orejas.

–La fatua eres tú –replicó, inconmovible, la Berenguela–. A mí me parece que lo que a ustedes dos están halagándoles son precisamente las orejas, no el papo. Con lo mal que han vivido en los últimos meses...

Puso en la última frase una pizca de veneno. Constanza no se hizo esperar:

–Dichosa la que tú sabes –dijo con malicia–, que es al mismo tiempo puta y esposa y buena mujer. Esa sí que es dichosa. A ti te halagan con la boca y te hieren con la cola.

–Hambres pasamos, pero esperando hartura –se defendió heroicamente Sabina–. Yo tengo confianza y al hambre que sufro no la llamo hambre, sino paciencia.

–Sería de verlo, la pobreza alzando cabeza –suspiró Maruja con voz sentenciosa–. Tú esperas salud en muerte ajena, Sabina, y eso es pecado de fatuidad. Desde que el Mauro no volvió a trabajar el algodonal...

–Ya hasta el gobierno es ateo –proclamó Sabina con severidad.

–Siempre las zorras predicando –cizañó Constanza con una risita–. Y a una siempre le corresponde el papel de la gallina. Yo ya estoy muy vieja y no le creo ni a la sagrada presencia del altar.

–Je, je, Constanza –rió ahora la Berenguela–, el culto de fuera, los pedos en danza.

A la luz irresoluta del candilón, las mujeres cobraban un aspecto diabólico. Hablaban para entretener la soledad, ocupadas en diversidad de quehaceres, mostrando sin vergüenza, a cada momento, las bocas desdentadas, y trabando y enlazando, en formas caprichosas y revenidas, la fácil sabiduría de las viejas. Más allá del halo de luz de la llama, la noche se espesaba en torno de ellas, salpicada aquí y allá por el brillo fosfórico de los cocuyos. Sus voces resonaban en la ruinosa cabaña y en el silencio inmenso del campo, un silencio entretejido con voces de grillos y ranas, y acaso con la música remota de las estrellas.

El rugido del campero que se acercaba interrumpió la cháchara. Las viejas se santiguaron maquinalmente, pero, en vez de acudir a la puerta, permanecieron en su sitio, como presas de un temor indeterminado. Sólo Sabina, al cabo de unos segundos, logró vencer la parálisis y asomó por el ventanuco su cara de uva pasa, para encandilarse con la luz de los faros, que parecía espolvorear el ambiente, llenándolo de una luminosidad amenazadora. El vehículo se detuvo frente a la cabaña y apagó el motor con tos cavernosa. Entonces las luces se extinguieron y la noche volvió a su caos de negrura, del cual fue aflorando poco a poco, rescatado por la oscuridad que se cerraba de nuevo, el destello azulino de los cocuyos.

Sabina buscó en el desorden de sombras y encandilamientos el bulto familiar que debía abrir la portezuela y descender pesadamente. Pero en sus retinas perduraba un hormigueo de miles de imaginarias lucecitas de colores y su mirada naufragó en la tiniebla. Trató de encontrarte con sus células olfatorias, sensibilizadas por años de penuria en la soledad del campo, pero las fosas de su nariz se sintieron agobiadas por el olor entremezclado de la mejorana, las hojas de malvabruja, el tallo velloso de la salvia, las redondas paletas de la penca y la materia putrefacta del suelo vegetal. Tuvo que contentarse, pues, con invocarte entre el laberinto de la noche que la mareaba y embaía:

–Mauro.

No obtuvo respuesta. Oyó acercarse las pisadas, sobre la hierba húmeda, y experimentó el mismo escalofrío de todas las noches, cuando te sabía avanzando hacia ella por la oscuridad, con la vista fija en el ventanuco por donde asomaba su cara de bruja bondadosa, pero acorazado en un silencio que era a la vez amargura e insensibilidad, como si su presencia te inspirara secretas repulsiones. Sólo cuando te vio de cuerpo entero, inscrito en la figura isósceles que proyectaba en el patio la puerta de la cabaña, se animó a llamarte por segunda vez.

–Mauro. ¿Eres tú?

Tampoco obtuvo respuesta, pero había dejado de necesitarla. Tu traza atlética y pelirroja, de pirata venido a menos, se perfilaba ya en el umbral, suscitando nuevos santiguos entre las comadres. Te observaron con mezcla de alivio y aprensión. Eras el varón que regresaba a imponer la obediencia y un cierto rigor tiránico en el hogar, pero también la leyenda del esposo que salió a no se sabe qué y volvió no se sabe cómo, untado de noche y de sueño; el sostén de la casa, que se bate allá lejos para traer un mendrugo a la familia, y que hoy se advertía más magullado que nunca, más cansino y cubierto de polvo, como si acabaras de dar la vuelta al mundo en lucha con insospechados facinerosos a quienes arrebataste lo poco que traías en la caja de cartón que sostenían tus manos firmes y encallecidas, y en la cual todas, incluída Sabina, repararon de un golpe. Eras el héroe, el mártir, el arquetipo. También el verdugo. El adorable y el temible. Familiar y misteriosa, tu figura, que se silueteaba en la puerta, poseía, para las viejas reunidas alrededor de las brasas y sugeridas en visajes espectrales por la luz del candilón, algo de paladín y de demonio, una doble condición amable y repulsiva.

Sabina permaneció junto al ventanuco, sin salir a tu encuentro. Su gesto se confundía en una amalgama de amargura y temor, respeto y odio. Avanzaste grave y silencioso hacia el grupo, con ademán que era, al mismo tiempo, invitación a la confianza y fuente de indescifrables inquietudes para Constanza, Maruja y la Berenguela, que comenzaron a arrebujarse en sus chales y bayetones, prontas a desaparecer. El marido había vuelto y la visita de caridad debía tocar a su fin. A nadie se le ocurrió imaginar qué clase de nubes de tormenta cruzaban en aquel instante por tu memoria. Lo tuyo parecía todo ceremonial y sereno. Arquetípico. De suerte que fue Sabina, acaso, la única en advertir que apretabas la caja demasiado fuerte contra el pecho, con cierto nerviosismo inusitado en ti, cierta ansiedad que te abotargaba la cara y ponía en tensión la casi totalidad de tu organismo. La única en advertir que volvías destrozado, como si ejércitos de ignominia acabaran de pasar sobre tu alma, arrollándola, dejando de ti sólo vestigios, señales exteriores, rastros difusos y mezquinos. En otras palabras, que cargabas con miedo la caja, como si adentro trajeras la cabeza destroncada de tu enemigo.

La depositaste sobre el banco de la cocina y paseaste la vista, con un sarcasmo que no logró anular la fatiga, por el trío de mujeres que te observaba con el recogimiento y el sobresalto con que se ve una aparición.

—A las visitas —dijiste, sin temor a herir sensibilidades— les cojo más el gusto cuando les veo la espalda.

Tu voz, alterada por la borrasca que intentabas domar en los repliegues de la imaginación, sonó extraña y malévola en el ámbito de tu propia casa. Un despecho sordo se agitó ahora en el alma de las viejas, que volvieron a santiguarse y balbucearon una despedida cualquiera, antes de huir como llevadas de Satanás. Fue Constanza la que, al pasar a escape frente a tu esposa, apuntó al margen, con premura y malicia:

—Tiene confianza en su gaznate el que se traga un hueso. Ten cuidado con los atarugamientos, mija.

Sabina no la oyó. Como una autómata, siguió a las comadres y cerró la puerta tras ellas, haciendo girar el manubrio de la tarabilla y sujetándola a los anillos. Entonces, a solas con tu mujer que se limitaba a mirarte con susto y rencor, te desabrochaste silenciosamente los puños de la camisa y la arremangaste. Dijiste:

–Sólo un poco de chocolate. Hoy no es día de festejar santos.

Tu mujer te escrutó con ojos turbados y recelosos.

–Te has convertido en un zampalimosnas –dijo de modo enigmático, y se puso a verter el líquido caliente en un pocillo desportillado.

La frase no pareció causarte la menor inquietud. Estabas de pie en mitad del recinto lleno de humos y ahumaduras, tratando de componerte una imagen de coloso de la soledad y la incomprensión. Terminaste de arreglar las mangas a la altura de tus biceps, dejaste ir la mirada por el cielo raso de horcones y cañabrava, y la hiciste descender luego por la pared de bahareque, hasta reparar en la escalera de mano, adosada junto a la puerta del fondo. Anduviste con lentitud los pasos que te distanciaban del artefacto portátil, hecho de burdos largueros y travesaños no muy resistentes; sin mayor esfuerzo lo alzaste en el aire y lo apoyaste a un lado del escotillón del zarzo, para regresar con calculada negligencia, sin dignarte explicar nada a tu mujer, al lugar donde estaba la caja, levantarla con delicadeza, volver sobre tus pasos e iniciar, resoplando, el ascenso.

Sabina te vio abrir el escotillón y penetrar a gatas en las tinieblas del zarzo. Oyó crujir los tallos de cañabrava sobre los horcones y te adivinó introduciendo el envoltorio de cartón entre la maraña de paja, entrelazada en varas de roble tierno, del techo de la vivienda. Luego vio emerger tu pie, tus piernas, tu corpachón, y te vio bajar congestionado, pero resuelto a perseverar en tu hermetismo. Al tumbarte en el banco, lleno de imprecisable cólera, y aflojarte lentamente el cinturón, aspiraste el aroma doméstico, irritante, un poco voluptuoso del chocolate, y sin saber por qué la observaste a ella con inquina. La subida había vuelto a alterarte y sentías ahora el mismo íntimo malestar que, hacía poco menos de una hora, experimentaste al abandonar la ciudad en el campero, a velocidades de vértigo, y meterte, con tu preciosa carga en el envoltorio de cartón, por el camino de polvo y piedras, a sabiendas de que todo estaba consumado, que en el palacio de los virreyes había dejado de latir un corazón de diamante y de bronce, que en cualquier momento podían interferirte patrullas milicianas y que, en el otro extremo de todo este turbio y malquerido afán, en cualquier otra vuelta de tornillo de las circunstancias o acaso en el mismo patio de tu casa, estaba esperándote, desde una eternidad de imprevisiones, el pelotón de fusilamiento.

Pero, de esto no te cabía duda, tu suerte, Mauro Lascarro, estaba sellada desde tiempos muy lejanos y nadie como tú asumió jamás, con tanta resignación y humildad, un destino de abyección. El amor, por supuesto, el amor estaba en el meollo de todo, y el amor había hecho sórdida tu vida, y te alistó en la guerrilla, y te refregó mil veces en la cara tu escasez de merecimientos y tu falta de aptitud para el disfrute erótico. De allí quizá la mirada de inquina, arrojada como una afrenta sobre esta mujer a la que también amaste alguna vez, muy poco, muy efímero, muy inmotivado, pero a la que juraste amor y diste unos cuantos hijos que llegaron a la mayoría de edad, hicieron también el amor y finalmente se largaron, para morir en algún lance oscuro o envilecerse largamente en la ciudad, mientras tú andabas en la guerrilla; esta mujer taciturna que ahora te contemplaba con esa sumisión mezclada de odio que conocías y que te recordaba, con cotidiana puntualidad, que en la cama no fuiste ningún Miguel de Mañara Vicentelo de Laca y que todos los vampiros de tu remordimiento habías concluído por endosárselos, como si tus pecados fueran los suyos y sus manos tus manos ensangrentadas y su abyección tu abyección.

Siete años en la guerrilla y ella sacrificándose por el hogar –lavando ropa, amasando y friendo arepas de huevo para vender en el villorrio–, mientras tú creías sacrificarte por el pueblo y te sacrificabas, en realidad, por un amor sin esperanza. Siete años durante los cuales vio su cuerpo marchitarse y morir para el amor, en un adormecimiento de mieses alheñadas que vino con el fin de sus ciclos de hembra. Siete años vacíos, a lo largo de los cuales no te vio más de cuatro o cinco veces, astroso y curtido como la montonera de Manuel del Cristo, perseguido por los monteros de traílla de Zumárregui, ciego en tu desesperación como el alacrán asediado por las llamas, sediento de amor pero no del suyo, no el de Sabina al que sin embargo llegabas como a una fuente de agua sucia, cada vez que la horda rebelde se acercaba al pueblo y podías burlar a los carabineros, a riesgo de tu vida, por entre el dédalo de las sombras y los espantos nocturnos, por entre la maraña de tu propio miedo, que te crecía de súbito al evocar, inconscientemente, la historia horrorosa y trágica del arzobispo virrey. Siete años que transcurrieron como entre una sudorosa pesadilla de muerte, sembrados de nostalgias y de horrores, hostigados por el espantajo de la malaria, erizados de fiebres larvadas y delirios ecuatoriales, deshechos en pasiones inútiles, tedios y desesperaciones. Pero siete años que, en modo alguno, podía ella aplaudir como sacrificados, porque sabía de sobra cuál fue el cebo y la carne de buitrera con que estimularon tus apetitos de irracional, cuál fue la perra que te arrastró con la montonera, la cuzca que te mostró su sexo de mujer sólo para esclavizarte y negártelo a sol y a sombra, la arpía que te vendó los ojos y te hizo carne de fusil, sólo para tener un can que le lengüeteara las entrepiernas y le halagara su impúdica vanidad.

Delante de las comadres hacía su papelón –esperamos hartura, al hambre que sufro la llamo paciencia–, que tú ni aprobabas ni condescendías a desaprobar. Entonces simulabas la indiferencia de un ángel o la de un demonio, lo que en el fondo no era más que desprecio, porque te avergonzabas, nadie mejor que Sabina lo intuyó desde siempre, de haberla deseado alguna vez, hace veintitantos años, de haber ansiado meterte en su cama, de haberla besado y mimado y de haber engendrado en ella esos muchachos macilentos de los que hacía un lustro no tenías noticia. Y porque, además, sabías que ella sabía que todo el celo puesto en esos ires y venires de los cuales Constanza le sugería cuidarse, era más bien el celo o la brama del perro que olisquea a la perra, a la cuzca que muestra el sexo joven y encendido, pero lo rehusa con su machacado mírame y no me toques, sírveme y mantente a raya, faldero, no me sofaldes.

¿Mayor abyección? ¿Y dónde tomaron comienzo esos siete años de peregrinaje por selvas vírgenes, maniguas como laberintos de bejucos, llanuras desérticas y páramos aterciopelados de frailejones, que ahora se prolongaba por cocinas, cocheras y sótanos palaciegos, por antros de conspiración y cafetines de barriada? Eran las cuatro de la tarde, hace diez años. Tú estabas en la silla de vaqueta, recostado contra una jamba de la puerta, espulgando el arroz para sacar los machos y las piedrecillas. Había llovido casi todo el día y la tierra era un largo humedal, perfumado de estiércol, que parecía extenderse al aire gris, saturado de neblina trémula, donde se cruzaban desesperadamente los goleros perseguidos por mariamulatas imaginarias. En torno tuyo zumbaban los cigarrones y las avispas rabiosas, mientras una roja mesnada de hormigas ascendía por la pared sin revoque, junto a las grimpantes enredaderas que se aferraban a las cercas de madera. Esto era, por aquellos tiempos, un latifundio algodonero de propiedad de don Salustio Guzmán Apráez, el flamante heredero del general Guzmán Pombo. Cuando la revolución lo fusiló el año pasado, a raíz de la conspiración de agosto, hacía ya tiempo que la heredad había sido parcelada y a los pizcadores les había correspondido, lo mismo que a ustedes, su lote de plantación, amén de los aperos y herramientas indispensables. Pero, por aquellos tiempos, Guzmán Apráez, que apenas frisaría en los veinticinco años, campeaba en estos parajes con el prestigio que le conferían su juventud, su fortuna, su reciente matrimonio con una aristócrata y la leyenda de su padre, el viejo militar que pereció escudando con su cuerpo a Zumárregui, en momentos en que iba a llover sobre el dictador una ráfaga de metralla.

Ocupado en espulgar el arroz, no los viste llegar y, cuando los tuviste enfrente, enfermos y andrajosos como una corte campesina de los milagros, creíste ser víctima de algún espejismo de la humedad y la neblina. No eran más de diez, todos a caballo, y daban la impresión de cargar sobre los hombros una decepción irremediable. Las cabalgaduras, agonizantes y escocidas por las espundias, casi no podían con el peso de los guerrilleros. Pero éstos, a su vez, eran un puñado de tipos desmirriados y estremecidos por calenturas de paludismo, con los ojos desbordando las cuencas y un titubeo de fiebre en las manos colocadas, sin excepción, sobre los gatillos de las armas que apuntaban hacia ti. Saltaste hacia adelante con todo y asiento. Milagro fue que el arroz no se derramara. Jamás los habías visto y, hasta esa tarde, tenías de ellos una idea fantasmal, sin carnación ni osatura, prefiguración de gigantes sumergidos en la oscuridad de su leyenda. No hubieras podido imaginar, ni por asomo, que acabarías por ser uno de ellos. Los suponías de fea catadura, sin alma y sin escrúpulos, asesinos gratuitos capaces de escalparte por un quítame allá esas pajas, bandoleros con joroba y salteadores de caminos, indignos del trato de sus congéneres, ogros inspiradores del pavor más justificado que se pudiera sentir en la vida. Y allí los tenías, frente a ti, con las bocas de las armas encañonándote, espectros sucios de la lluvia, los ojos penumbrosos fijos en tu sorpresa, examinándote, hambreados y ateridos como viandantes planetarios, rostros terrosos sin expresión, grises sombras amenazantes.

Sentiste una especie de mareo y no atinaste a balbucear palabra. Te habían cogido de sorpresa y se regodeaban en tu miedo, antes de vomitar, sobre tu cuerpo, el fuego de sus fusiles. Pero, ¿por qué? ¿Cuál era tu pecado, no ante ellos, simples intermediarios del destino, sino ante el destino mismo, ante la Divina Providencia que te observaba en ese instante con ironía, recordándote que el que ríe último, ríe mejor, y que la Divina Providencia siempre ríe la última? Pensaste en Sabina, que quitaba con agua caliente la grasa a los calderos en el patio de atrás, e imaginaste las violaciones de que sería objeto. Te traspasó una onda de desesperación. De entre el matorral viste avanzar, hacia ti, la figura esbelta y musculosa de «Caupolicán», tu sabueso de caza. El perro olfateó a los forasteros y emitió un gruñido, antes de situarse a tu lado en actitud de expectativa. Entonces derivó tu pensamiento hacia tus hijos, que andarían por ahí jugando tapita, y el corazón se te atravesó en la garganta al comprobar, con una sacudida, que Nacho, el menor de ellos, lucía el candor de sus nueve años a la grupa del matalón que montaba el que parecía comandar a los guerrilleros, un hombre monumental, de larga barba y ojos de azul acerado, que te miraba con cierto sentido de reconvención, signos de fatiga en el rostro lleno de tiznes y una férula de alambre con almohadillas que le inmovilizaba el brazo izquierdo.

Tu primer impulso fue abalanzarte y arrebatárselo. Pero oíste la voz del comandante, que te hablaba, y tu espíritu, de repente, se llenó de sosiego.

–No tiene nada qué temer –dijo Manuel del Cristo, con voz pausada y segura–. Su hijo accedió a conducirnos hasta aquí. Sólo buscamos un poco de comida y calor, antes de continuar el camino.

Por instantes, sentiste alivio; comprendiste que, de algún modo, podrías tratar con ellos, llegar a cualquier transacción. Luego el miedo volvió a crecerte, pero te esforzaste en no demostrarlo, en colocar tu espíritu por encima de aquel tictaqueo cuya pertinacia te ahogaba el pecho. «Caupolicán» seguía gruñendo a tu lado, proclamando la poca satisfacción que la escena le inspiraba. Entonces advertiste por primera vez que, entre el grupo desastrado y casi en derrota, entre aquel girón de montonera, había una mujer que también te apuntaba con la boca de su fusil; una mujer metida en un fundón raído que a pesar de estar observando con instintiva atención tus movimientos, al igual que todos los otros, parecía clausurada en sí misma y abatida por la desgracia común, como si a ella tocara en particular este mohín del destino, como si a ella correspondiera en vano conjurar el poder de este aletazo de la fortuna.

Te levantaste del asiento, dispuesto a encararlos, a él, a ella, a los malhechores.

El malestar se palpaba todavía en las calles. Un taxi te condujo hasta la puerta de tu residencia y pudiste evidenciar, a todo lo largo del trayecto, la inquietud que ondulaba por los pequeños grupos reunidos a la sombra de los soportales o en los zaguanes en penumbra, como humor recrementicio y viscoso de los altos caserones coloniales, hundidos en silencio expectante. A las seis de la tarde de este cuarto día transcurrido desde el magnicidio, la guardia miliciana seguía disolviendo motines y haciendo valer la ley marcial, que prohibía toda reunión pública de más de cinco personas y establecía la queda a partir de las siete de la noche.

La atmósfera, lluviosa y grisácea, seguía colmada de presentimientos y de incertidumbres. La figura de Demetrio Canelas, al mando de la cosa pública, no inspiraba el mismo fervor ni la misma confianza que la de Manuel del Cristo. En el caudillo abatido, el pueblo creyó ver siempre su propia proyección agigantada, su voz colérica aumentada por los altavoces de la grandeza. Había en él una especie de fuerza biológica, de vis formativa que imprimía a sus ideas y proyectos, de una vez y para siempre, la consistencia de lo real. Sus arengas, sus apariciones ante la muchedumbre, tenían un efecto de epifanías, como si en él se concentrara, con la fortaleza de los profetas, el poder de cambiar el universo a su arbitrio y modelar los acontecimientos a su imagen y semejanza. Quizá por un fenómeno de envidia colectiva, por el hecho de haber sustituído a Manuel del Cristo en forma tan impensada y rápida, pocos entre la gleba parecían dispuestos a acordar al comandante Canelas análogas facultades y prelaciones. A la ira por el asesinato del hombre que iba a entregarle el cielo y la tierra, sucedía ahora, dentro del populacho, un ademán de escepticismo, un gesto de desconfianza hacia el *heredero forzoso,* no importa que éste hubiese guerreado largo tiempo junto al adalid y tuviera el cuerpo macerado de cicatrices revolucionarias.

Se trataba, pues, de un momento exigente, en lo que concernía a la base del régimen. Canelas actuaba a su manera, desplegando fuerzas y obligando a la gente a aceptar esta situación como la consecuencia de un azar perfectamente previsible, en términos históricos; un azar que la revolución absorbía y superaba, como los puñetazos el rostro de los púgiles. Pero tú, Gedeón, aunque horas antes hubieses expresado en persona al nuevo jefe tu respaldo a las medidas extraordinarias, te sabías pesimista en el fondo. Sabías cuán voluble puede llegar a ser, en circunstancias como la presente, un pueblo bombardeado a toda hora por la propaganda extranjera; golpeado constantemente por las restricciones a su comercio, decretadas desde los foros regionales por los gobiernos recalcitrantes del hemisferio, que redundaban ahora en escasez de víveres, inopia de divisas, talanqueras a los proyectos de inversión o expansión, parálisis de las obras públicas y otro buen acopio de calamidades en salmuera, a las cuales sólo la presencia de Manuel del Cristo hubiese ayudado a soportar con estoicidad y decoro. Sabías que, justamente en estos instantes de desconcierto, con una opinión en desbandada y una confusión indiscernible, con respecto de la situación intestina, aún en los mismos gobiernos que apoyaban a la revolución, tendría que precipitarse el muy previsto trastorno de la balanza de pagos, desnivelada por la descomunal fuga de capitales, la deuda externa heredada de Zumárregui, la necesidad de importar maquinaria desde países remotos por el deterioro de las relaciones con los vecinos, el bloqueo al mercado del algodón, la escasez artificial decretada por las viejas oligarquías, la penetración de los cuerpos de sabotaje y espionaje del imperialismo y otras circunstancias ajenas al querer del estado provisorio.

¿Cómo ser optimista? ¿Iba el pueblo a inclinar la cerviz, en aras de una revolución que no se veía, sólo porque unos viejos ideales seguían siéndole martillados desde las tribunas del gobierno, por boca de los burócratas, en un lenguaje mellado por el uso, exento de brillo, en la retórica sin esplendor de los políticos, los sociólogos y los economistas? Era demasiado pedir. Sería creer sin orden ni concierto en la autenticidad y conciencia de clase de estas masas hambrientas y desesperanzadas, cada día excitadas con mayor insidia por las radiodifusoras y periódicos de la reacción, enervadas por las arrumazones de propaganda llegadas del extranjero, donde se trataba de filibusteros o de granujas a los jefes revolucionarios y se afirmaba que aquí el pueblo arrastraba cadenas y se moría de inanición por las calles.

Hiciste girar el picaporte y, una vez dentro, te aseguraste de que la puerta quedara afianzada en la nariz de hierro del marco. Suspiraste al sentirte en la paz de tu casa, donde no te esperaban mujer ni hijos, ni ninguna otra clase de parentela, pero sí tú mismo, tu ser más íntimo flotando entre los volúmenes –política y olvidados textos de medicina– de la biblioteca; encima de la alfombra turca de plegarias, extendida en la sala; en el voluminoso armario de caoba, con cabezas de medusa y pilastras rematadas en cariátides, recuerdo de periplos a costillas del partido; entre los biombos de marfil nutridos de bajorrelieves y en el jarrón chino de jade, con lagartos tallados, que reposaba inmemorial sobre un gabinete de palo de rosa; en la solidez de los muebles Imperio, poblados de rosetones y abejitas, memoria de abolidos fastos de familia, que alternaban con cerámicas de colorido moderno, ilustradas con graciosos dibujos; en el cofre de intrincada construcción y en el macizo reloj de pie con las manecillas señalando las seis y cuarto en números romanos... Tu hogar despoblado, tu suntuosa cueva de misántropo, donde por años rumiaste tu aversión a los poderes estatuídos, tu rebeldía sin tasas, los libros de Marx y la madeja de sueños en cuya prolijidad copiaste tus esperanzas y frustraciones, como un anacoreta cuyo único acto de posesión amorosa se cifre en el disfrute prefigurado del poder y en la fiera ilusión de la justicia.

Te derrumbaste en uno de los sillones y echaste un vistazo aquí y allá, por ver si la mujer que venía a hacer todos los días el aseo había respetado el orden ritual de tus objetos. ¡La revolución! –Pero, ¿era ésta la revolución que soñaste durante toda una juventud atribulada? ¿No habían resultado ustedes –todos ustedes– inferiores al deber que ella les señalaba? ¿O se trataba acaso de que, muerto Manuel del Cristo, el encanto se rompía y comenzábamos a ver el problema en sus dimensiones reales, en la mediocridad de los dirigentes y la pobreza de lo realizado? «Llevados de la mismísima mano del Putas...». La verdad es que no podías explicarte esta desafección que te invadía gradualmente, saturando tu tejido nervioso y demoliendo en tu interior todos los palacios de fango que alzó tu entusiasmo, durante los años de lucha y en estos tres finales, los del liderazgo de Manuel del Cristo.

¿Fracaso? ¿Torpeza? ¿O quizá la salvación del hombre no podía confiarse a los mecanismos de la política, cualesquiera que fuesen, porque el hombre es un animal metafísico condenado a la derrota cada vez que intenta trascender su condición por medios meramente materiales? Procurabas rechazar esta idea con todas tus fuerzas. Con ella veías filtrarse en tu imaginación, como un repugnante intruso, el virus del idealismo. ¡La nauseabunda metafísica! Pero, con todo, era curioso repasar el fracaso de la totalidad de las políticas; las antiguas y las modernas y aún las fundadas en arquetipos o escalas espirituales de valores. La sencillez de la conclusión no dejaba ver su complejidad de los mil demonios. A medida que satisfacía sus necesidades, el ser humano propendía a sentir mayor insatisfacción, de suerte que ninguna plenitud sería bastante, jamás, a embriagarlo y acallar sus apetitos de semidiós. Precisaba una plenitud que sólo se manifiesta en la contemplación de lo infinito. Y la política no podía prometer ningún género de plenitud, por mediocre que fuese: ni siquiera esa orgía de televisores, refrigeradoras, automóviles y viajes de turismo que ciertos países, de este o de aquel lado, parecían ofrecer como promesa de un edén a la persona.

Te explayaste en el asiento, a fin de ganar en holgura física lo que perdías en comodidad intelectual. Ya imaginabas a los sabihondos del partido tachándote de individualista y acaso de esotérico; acusándote de traicionar a la comunidad en beneficio de quién sabe qué zoncera, del *bellum omnium contra omnes* de Hobbes, del *cogito ergo sum* cartesiano o del sensualismo de Epicuro. Ya los oías: ¡solipsista, reaccionario! Pero no podían impedir que pensaras, aquí en tu casa y en tu sillón. Ni siquiera que consideraras al propio socialismo una síntesis perfecta, aunque vergonzante, de individualismo y universalismo. Era tu derecho. El derecho que te conferían más de cuarenta años de sacerdocio ininterrumpido ante el altar de la razón. No creías traicionar a nadie y, en cambio, procurabas en alto grado no incurrir en engaños o consentimientos contigo mismo. Por tu fantasía cruzó, en una fracción de segundo, toda la gran urbe que habitabas, con sus tugurios y sus palacios, sus avenidas y sus callejas, sus hospitales y sus pistas de deportes, sus hoteles de lujo y sus inquilinatos, sus oficinas públicas y sus antros de conspiración, sus grandezas y sus miserias... De pronto, la visión pareció expandirse y glorificarse, a la manera de un cosmos que se ensancha, y creíste ver la pululante totalidad del universo, con sus fluídos secretos y su armonía misteriosa, reproduciendo la ciudad en su colosal escenario, dando a cada existencia individual la pulsación de una estrella, a cada alarido humano la equivalencia de un sol que se crece por un instante en su propia luz, para después comenzar a apagarse lentamente.

Desde luego, estaba siempre esa ilusión fiera: la justicia.

La justicia pasaba a convertirse, no obstante, en una arbitrariedad o un capricho: algo que terminaba imponiéndose a la fuerza a los hombres, haciéndolos felices a pesar suyo. ¿Perseguía, acaso, el ser humano, la justicia como meta final de sus trabajos y padecimientos? ¿Y en qué cifraba esa justicia? ¿En el bienestar económico de su familia? ¿En el suyo propio? ¿O más bien el ser humano –y en esto la justicia, cuando mucho, obraría como un expediente, ya que en modo alguno podía ser un fin– anhelaba poseer los instrumentos útiles a esa suerte de realización vital de que todos hablaban y que nadie podía jactarse de haber alcanzado? ¿Se trataba, pues, de un anhelo de libertad? ¿De infinita libertad? Putísima vida, para decirlo con un filósofo. Estabas ya, Gedeón, en el terreno de las disquisiciones vanas de Juan Garibay. Era el colmo de la alevosía contigo mismo. La vejez, el reblandecimiento, eso era. Te pusiste de pie y anduviste hasta la nevera, esa porción de edén, para sacar una botella de cerveza que bebiste al hilo de las tablas, sin detenerte a recobrar alientos. La fatiga te minaba. Se necesitarían unas largas vacaciones, tres meses de sol en alguna isla del Caribe o del Mar Tirreno, una utopía de esa envergadura, para que volvieras a ser el Gedeón de los buenos tiempos. ¿Tenías formado un juicio, por lo menos, sobre el proceso que se había abierto esa misma tarde en la sala criminal del Tribunal Superior

Revolucionario y que tú mismo presidías? ¿Un miserable juicio? No, no. Lo único claro era tu confusión. Tu confusión al leer el testimonio del laboratorio, según el cual la prueba del guantelete de parafina, practicada en la persona del doctor Santos Moreno, había resultado negativa; según el cual, además, la misma prueba practicada en la compañera Angela Droz, había resultado positiva. Todo lo que era de esperarse. Los expertos se abstenían de adjudicar al último de los experimentos valor instrumental, habida cuenta de que la señorita Droz era miembro de la fusilería miliciana y acostumbraba la práctica del tiro al blanco, en la cual se ejercitó, con el propio Manuel del Cristo y en presencia del comandante Canelas, apenas unas horas antes del asesinato.

Tu confusión. La verdad es que ni siquiera lograbas compenetrarte con la idea de que Manuel del Cristo hubiera pasado al orbe de los héroes y de los mártires, y de que su presencia ya no actuaría como una especie de vejiga incoercible, para mantener a flote la revolución, que se hundía sin remedio. Manuel del Cristo y la muerte se te antojaron, a través de largo tiempo, dos ideas o situaciones imposibles de conciliar, incapaces de coexistencia y aún de correlación en el espacio y en el tiempo. Manuel del Cristo era la vida y, por tanto, la muerte no estaba en capacidad de tocarlo, jamás podría hacerlo suyo. Era, para ti, casi un dogma inconsciente. Acaso la negación de la necrofilia cristiana: del culto a la muerte como niveladora metafísica de príncipes y menesterosos, como suprema abolidora de las contiendas de clase.

Y, sin embargo... Llenaste otro vaso de cerveza y anduviste con él hasta el sillón. Lo colocaste en el gabinete, junto al jarrón chino, aislándolo con una rodeleja de plástico, y volviste a derrumbarte con tus sueños sobre el mueble taraceado que acogió tu cuerpo con un crujido de protesta. Y, sin embargo, Manuel del Cristo estaba muerto y no tenías a quién invocar en este momento de desesperanza. Porque la muerte era el dictado inapelable de la vida, quizá la vida fuera ella misma embozalada, y si llegaban a darse hombres de la anchura vital y de la irreductible perfección de Manuel del Cristo, entonces ella se apareaba con la furia de los elementos, con la perfidia del azar o con la mano del asesino, para cumplir su cometido por encima de la inmortalidad misma, si fuera necesario. Y entonces todo quedaba atrás, como algo que no sabemos si se vivió o se soñó: la desnudez de una mujer, la caricia menuda del viento de mayo, el rostro de un amigo que se extravió en la bruma, algún ladrido nocturno en una ciudad desolada, algún trozo del sol de verano, la dehiscencia de los jazmines en una madrugada de la infancia, el sabor de aquella frase de Engels, el hondo clamor que se levantaba de la plaza la noche en que Manuel del Cristo entró por vez primera al palacio de los virreyes...

De la plaza se levantaba un hondo clamor. Manuel del Cristo traspuso, escoltado por sus lugartenientes, los portalones arqueados del palacio de los virreyes. Un pelele inanimado, que hasta hacía unas cuantas horas se llamó Jacinto Zumárregui, colgaba de una de las lámparas de mercurio que proyectaban luz azulenca y plomiza sobre el frontispicio. Los guerrilleros de luengas barbas —exceptuada, en este sentido, la mujer de cara oval y mirada altanera que marchaba al lado del caudillo— atravesaron el claustro del patio y emprendieron el ascenso de la escalera de mármol que conducía a los salones y despachos virreinales, sumidos en la tiniebla. Las pisadas de sus botas repercutieron por el edificio. Afuera, bajo el cadalso improvisado de donde colgaba Zumárregui y en toda la extensión de la plaza, la multitud vitoreaba a sus nuevos cabecillas y parecía como idiotizada y borracha de historia: vivía uno de esos instantes en que el individuo se funde con la sustancia de la masa, pero adquiere, al mismo tiempo, una alucinada y heroica conciencia de sí.

El caudillo y sus acompañantes llegaron a la gran sala de recepciones, que aún ostentaba el nombre de un mártir de las guerras de independencia y cuyos muros historiaban, en imágenes al fresco, los hechos de aquel prohombre. Estaba hundida en una oscuridad que los turbó por momentos. Pese a que toda la guardia de corps del dictador se había entregado, ante la ira del populacho, hacía más de seis horas, las sombras que jugueteaban en el recinto parecían envolver densas amenazas. El estado mayor de Zumárregui andaba suelto todavía, desperdigado por quién sabe qué recodos de los edificios públicos, con el alma en suspensión y los revólveres alborotados ante la fatalidad que se cernía sobre los colaboradores del régimen. Fue Manuel del Cristo quien interpretó la desazón general, con una voz de mando que estremeció los cimientos del palacio:

–¡Luces! –aulló–. ¡Quiero luces! ¡Quiero ver encendidas todas las luces de esta casa!

Entonces los lugartenientes se dieron a la tarea de encontrar, a tientas, el sinnúmero de interruptores de electricidad ocultos en los recovecos del edificio, los cuales, por razones de seguridad, no respondían a un conmutador único. La muchedumbre aglomerada en la plaza vio encenderse desde la más humilde bombilla de las cocinas palaciegas, hasta la araña más suntuosa de los salones. Fue un instante lleno de solemnidad y simbolismo: la revolución sentaba sus reales en el solar de los virreyes, de los presidentes y de los dictadores, y la luz era su primer mensaje, pues a lo largo de años aquellas iluminaciones palatinas habían permanecido fuera de servicio, dado el carácter sombrío de Zumárregui, que aborrecía los derroches lumínicos y a duras penas encendía, por la noche, unas cuantas lámparas de mesa y algunos candelabros del comedor.

–Confiemos en que esto tenga un sentido, en que la oscuridad haya realmente quedado atrás– dijo de buen humor Manuel del Cristo, viendo progresar la iluminación.

Sólo ahora comprendieron los demás el significado múltiple de aquella jornada; que no se trataba únicamente del derrocamiento de la dictadura, sino, en más alto grado, de la implantación del régimen revolucionario y el término de casi catorce años de esperanzas truncas y de derrotas y penalidades sin cuento. Angela Droz subrayó la emoción con una sonrisa apenas dibujada en sus labios delgados, pero sensuales.

–El fuerte hace la historia y el débil la soporta –dijo, medio en broma y medio en serio, con aire sibilino que avaloró en contenido sus palabras–. La luz la haremos nosotros y el futuro será una prolongación de este día.

–Fue una fortuna que no acertáramos a cortar los suministros de energía –opinó Demetrio Canelas, que traía pegados al rostro y las ropas el polvo y el fango de varios meses de lucha sin cuartel–. Los obreros de la Empresa Hidroeléctrica están con nosotros, pero tendremos que aguardar un poco para ponernos presentables. A la ciudad no llega una gota de agua.

Las estancias fueron llenándose de luz, una tras otra, y el esplendor virreinal, aumentado con creces por los dictadores y por algunos gobernantes republicanos, deslumbró la fantasía de aquel grupo de guerrilleros, habituados, de tiempo atrás, a las miserias de la manigua o del páramo. Por segundos, se sintieron forasteros en medio de aquella magnificencia. El lodo de sus botas profanaba las alfombras de superficie cincelada, los tapices de punto y los tapetes ilustrados que, sin dejar ver un milímetro del embaldosado, mullían doble y a veces triplemente el salón donde Manuel del Cristo los congregaba ahora.

–Tendremos, ante todo, que requisar nosotros mismos el palacio –dijo el caudillo, que se había tumbado en una silla de cordobán–. Dejemos a nuestra gente la custodia de los exteriores. No quiero vandalismos dentro de esta reliquia, así que pongamos manos a la obra. Antes de medianoche, me propongo dirigirme al pueblo desde la tribuna principal. Tú, Demetrio, ocúpate de que funcionen los altavoces y haz el anuncio de una vez. Luego trataremos de hacer contacto con las ciudades de provincia.

Estaba enlodado y casi rendido por la fatiga, pero sus ojos irradiaban el mismo brillo acerado, la misma resolución de siempre. Entre la barba y la mugre que tupían su rostro, aquellos ojos eran el vivo reflejo de su espíritu. Angela Droz, que parecía entalegada en su ropa de camuflaje, encabezó la maniobra de requisa. Zumárregui había sido capturado, cuando trataba de huir por los patios traseros, por un sastre que perdió un ojo en la hazaña, pero el caserón virreinal no había sido violado. Se inspeccionó hasta el último recoveco del edificio, cuya desolación resultaba conmovedora: menos de ocho horas atrás, el déspota impartía órdenes desesperadas y campeaba todavía entre estos muros. De pronto, la guerrillera requirió con un grito a Manuel del Cristo.

Había llegado, con dos oficiales más, a una pequeña despensa perdida entre el laberinto de habitaciones destinadas a la servidumbre. No había instalación eléctrica en el cuartucho y tuvieron que explorarlo con una linterna de pilas. El haz difuso se posó primero sobre un montón de envoltorios con provisiones, abandonados junto a un ángulo de la pared. Luego se oyó, un poco más allá, lo que parecía ser una respiración acezante. La linterna alumbró en esa dirección y en el halo de luz quedaron inscritos el pavor y la palidez de un rostro de mujer. Tenía más de cincuenta años y sus facciones eran ajadas y flácidas, como si un brutal sufrimiento las hubiese estrujado largo tiempo. La luz avanzó un poco y reveló otra presencia: la de una muchacha más pálida aún, con un rostro longilíneo, marchito y desprovisto de atractivo; unos ojos saltones, de tonalidad tirante al ocre, que miraban con pánico y fijeza; y un cuerpo desmirriado y sin curvas, que hubiera recordado el de una virgen bizantina. Se apretujaba contra la otra, buscando protección. Parecía atacada de espasmos. Cualquier lector de periódicos habría identificado al rompe, en estos dos postreros habitantes del palacio, a Serapia y Claribel Zumárregui, esposa e hija del dictador respectivamente.

Manuel del Cristo sintió una turbia desazón. Se trataba, al fin y al cabo, de una viuda y una huérfana, ambas de condición demasiado reciente. Poco importaba que su esposo y padre hubiese sido el más sanguinario de los sátrapas. Allí estaban, desamparadas como ninguna otra persona en mucho mundo a la redonda, y era sabido que nunca, ni la una ni la otra, tuvieron la menor injerencia en las actuaciones políticas de Zumárregui, y acaso ni siquiera en sus más insignificantes decisiones privadas. Su fama era la de una pareja de mujeres rehogadas por el sentimiento místico, que vivían orando en los templos y veían en el dictador al dueño y señor de vidas y haciendas, un hombre a quien la Divina Providencia había colocado en el mundo para contar con una representación adecuada y encauzar a la humanidad por caminos de templanza. Zumárregui había sido, en cierto modo, un teócrata, y para estas dos infelices su imagen de capataz no debió ser muy distinta de la que tenía formada el pueblo raso. En el fondo, habían sido tan víctimas como el que más del muñeco inanimado que ahora colgaba en la plaza de armas, a la vista de este populacho al que oprimió, diezmó y embruteció hasta los límites de la locura. Y aún así, no lograba sentir piedad por ellas.

Las observó largamente, sin saber qué decir ni qué hacer, a sabiendas de que sólo odio podía inspirarles. Las mujeres trataron de sostenerle la mirada, con un gesto de dignidad que no se compaginaba ni con el miedo que las sacudía, ni con el lugar donde habían sido encontradas. Pero preferían mirarlo a él, de cuya presencia dimanaba casi imperceptiblemente una onda de sosiego, y no a la guerrillera que seguía apuntándoles al rostro con la linterna y en cuyos ojos leían un inflexible aborrecimiento.

Manuel del Cristo decidió por fin hablar.

–Hagan el favor de seguirme –dijo, tratando de dulcificar en lo posible la voz, a despecho del asco que lo invadía–. Pueden estar seguras de que nada malo va a ocurrirles. Me encargaré personalmente de enviarlas a un lugar donde puedan considerarse a salvo de cualquier atentado.

Sus palabras, lejos de tranquilizar a las mujeres, causaron efecto inverso. Serapia Zumárregui se estiró de pronto, poniendo en tensión los músculos y contrayendo el rostro, para decir, con acento que intentaba ser de desprecio:

–Déjenos ir por nuestra cuenta. Preferimos no tener que deberle nada a un asesino. Y usted es algo peor que un asesino: es un comunista.

El caudillo hubiera querido sonreír, pero estaba de por medio esa cosa embarazosa que guindaba de una lámpara allá afuera, y aunque ni arte ni parte había tenido, en realidad, con aquel acto de justicia, ejecutado por la plebe que respaldó su entrada a la ciudad y con el cual era necesariamente solidario, prefirió añadir con grave cortesía:

–No se trata de lo que yo sea. Por su bien, señora, le ruego observar meticulosamente mis órdenes. Salir de este palacio por cuenta propia significaría, en una palabra, el linchamiento. La gente que hay afuera no se va a andar con paños calientes.

Y, con ademán imperioso, las conminó a seguirlo de una vez.

Anduvieron en silencio por el dédalo de habitaciones y pasillos que conducía a la parte anterior del edificio. Manuel del Cristo abría la marcha, cabizbajo y un tanto colérico. Lo seguían la viuda y la hija del dictador, que procuraban mantener en alto la cabeza. Llevaban ropa de luto y su talante era irremediablemente provinciano. Cerraban el grupo Angela y los dos oficiales, con las metralletas apuntando al suelo. De pronto, Claribel Zumárregui se colocó al lado del caudillo y dijo de sopetón, con escalofriante candidez:

–Siempre he creído que las personas, al morir, se convierten en demonios; y me acongoja pensar que mi padre, con todo y su bondad, sea ahora uno de ellos. ¿Usted lo mató, señor? ¿Se puede saber mi padre qué le había hecho?

–Llévenlas a sus habitaciones y que me esperen con las valijas hechas –se limitó a ordenar, a guisa de respuesta, Manuel del Cristo–. Trataremos de sacarlas, más tarde, en uno de los tanques abandonados por los regulares. Tú, Angela, ven conmigo.

Se debatía en una cólera sorda. Angela lo siguió a regañadientes, en desacuerdo, sin duda, con sus procedimientos. Lo conocía demasiado bien, sin embargo; lo suficiente para no esperar de él otra cosa. Habían ganado, ahora, la galería que cercaba al patio principal del palacio, en cuyo centro descollaba una estatua ecuestre del Libertador, con la espada apuntando hacia la cordillera. Dos lugartenientes barbudos, que habían estado explorando el ala oriental del edificio, salieron a su encuentro en el instante en que se proponían remontar las escaleras, rumbo a los salones principales.

–Hicimos un hallazgo interesante –anunció uno de ellos–. El despacho privado de Zumárregi. Una verdadera colección de rarezas. El viejo debía ser un poco maniático.

–Ya tendremos tiempo de examinar todo eso –opinó Angela–. Por ahora es importante decirle algo al pueblo, ocuparnos de la revolución y olvidar las extravagancias que pueda encerrar esta casa.

Pero Manuel del Cristo parecía picado por la curiosidad. Era evidente que el linchamiento del dictador lo tenía predispuesto, en obras y sentimientos, hacia los legados del difunto. Y, tal vez, a considerar a aquel palacio como una especie de casa embrujada. Sin atender la sugerencia de la guerrillera, hizo seña a sus hombres de que lo condujeran al despacho.

Era una habitación pequeña y lóbrega, con una claraboya por donde debía filtrarse, de día, un poco de luz procedente del patio. En un ángulo, a la izquierda, un escritorio opulento y vulgar, muy siglo XIX, abrumado de tallas y torneados, presidía la sórdida ambientación.

Los entrepaños del muro, cubiertos en su totalidad de anaqueles y consolas, formaban un heteróclito muestrario que difícilmente hubiese recordado los gustos de un estadista. Había más de quince cabezas reducidas, alineadas como gárgolas marchitas en la estantería y, un poco más allá, cerca de una docena de muñecos de cera, perforados con alfileres y con las huellas dactilares del taumaturgo subrayando el tosco moldeado. En los anaqueles de la derecha, encuadernados a todo lujo, con lomos de oro, tapas estampadas al fuego o revestidas de damasco, y cantos de bronce, varios grimorios medievales, llenos de recetas mágicas y fórmulas abominables para destruir al enemigo o procurar el propio beneficio. Por todas partes, hebras de cabello, trozos de materia gelatinosa, tripas de animales y patitas de rana, esparcidos en aparente desorden. Sobre el escritorio, algunos documentos de Estado, una novela de amor obscenamente manoseada, dos tinteros antiguos para humedecer plumas de ganso, una Biblia filipina, la fotografía amarillenta de un general con bigotes de manubrio y el uniforme engalanado con entorchados y arabescos, una tabaquera de cobre rojo y un descuadernado diccionario de la rima. Finalmente, en el entrepaño inmediato a la puerta, un retrato al óleo del sátrapa, en uniforme de gala y con una aureola de santo, rodeando su semicalvicie; y una descomunal fotografía, a todo color, que mostraba a Marilyn Monroe completamente desnuda.

Los lugartenientes esperaban divertir a Manuel del Cristo con el hallazgo. Les hacían mucha gracia los muñecos de cera y las patitas de rana. Pero el caudillo sólo dejó ver perplejidad. Aquel escenario, aquella arrumazón execrable, todo lo que el despacho insinuaba en obscenidad y bajeza, parecían confundirlo. La misma Angela Droz se advertía impresionada. Al fin y al cabo, la lucha contra

Zumárregui había sido el eje de su vida; y, sin embargo, jamás creyó combatir sino a un tiranuelo apoyado por un bien provisto ejército y sustentado, en parte, por imperialismos extranjeros; no imaginó que luchaba también contra poderes sobrenaturales. Era grotesco, al punto de inspirar no risa, sino asco.

En las gavetas no hallaron gran cosa. Una daga árabe y un juego de pistolas Campo-Giro, con cargadores de petaca, apropiadas para duelistas. En la inferior, un gran mazo de cartas cruzadas entre Zumárregui y Serapia, por los años de su noviazgo. También un mortero de piedra, de los que se usan para machacar especias. Manuel del Cristo ordenó dejar todo allí, tal como lo habían encontrado, y abandonó la habitación sin agregar una palabra. A sus espaldas oyó el comentario de los lugartenientes.

–Se las traía este Zumárregui –rieron–. Le gustaba el juego del puto.

En la sala de recepciones hallaron, ahora, a buen número de recién llegados. Las arañas de múltiples luces doraban las paredes historiadas y los muebles de roble y encino, poblados de incrustaciones y de herrajes batidos a martillo, traídos de España desde los tiempos del arzobispo virrey. Demetrio Canelas había ordenado descorchar whisky y vino de las bodegas de Zumárregui, y la revolución hacía ya los honores de la casa. Pero la celebración tenía el aspecto de una orgía de desarrapados. Tanto los guerrilleros de barbas frondosas como los huéspedes de última hora, vestidos de calle y con modales muy diferentes, estaban cubiertos de barro y polvo, y algunos ostentaban las señales de la jornada.

Manuel del Cristo te reconoció, Gedeón, entre el grupo de civiles que rodeaba a Canelas. Eras el único pulcramente vestido, el único que, por razón de su edad y de su papel de coordinador, no había enfrentado cuerpo a cuerpo a los regulares de Zumárregui. Te había conocido muchos años atrás, cuando él era apenas un muchacho de apariencia tímida, que intentaba procurarse una tarjeta de afiliación al partido, a fin de organizarse con el grupo de «jóvenes chiflados» que lo seguía y acataba. Luego abocaron juntos la tarea de agitación en el marco urbano y tú empezaste a sentir admiración silenciosa hacia este chiquillo que se lo jugaba todo sin pedir nada a cambio, este hijo de terratenientes que desdeñaba a su clase y la herencia en plata limpia de su padre, con tal de ponerse al servicio del pueblo. Cuando Manuel del Cristo, desoyendo tus consejos, se echó al monte para organizar la guerrilla, lo despediste como si se tratara de un hijo. En alguna ocasión, abordaste clandestinamente un champán y bajaste por el río para reunirte con él y con Angela Droz en las maniguas costaneras. Ahora, al verlo triunfante y en la cúspide del poder, tu orgullo era también el de un progenitor que ve al hijo salir adelante en la empresa que se juzgó impetuosa e irreflexiva. ¡Y qué empresa!

El caudillo te acogió con un abrazo. Al estrecharlo, la emoción tocó el límite.

–Felicitaciones, campeón –dijiste, sin énfasis, pero con voz entrecortada–. Tu coraje es de aquellos que no infunden temor, sino esperanza.

–Contentémonos, Gedeón, con tratar de ser útiles –contestó él, sonriendo con cierto exceso de modestia. El reencuentro parecía conmoverlo tanto como a ti. Estaba ruborizado y tu presencia difuminaba, en su espíritu, las brumas en que lo había sumido la inspección del despacho íntimo del dictador.

Por un momento, el asalto del palacio cobró cariz de ceremonia. Ni uno solo de los presentes había entrado, nunca antes, a este recinto. Pero todos se desenvolvían, pese al polvo, las heridas y los andrajos, como antiguos áulicos. Había una ebriedad de poder, excitada por los gritos de la turbamulta que, afuera, seguía vitoreando a Manuel del Cristo y a los héroes de la guerrilla. Tu embriaguez peculiar, Gedeón, consistió en tomar del brazo al caudillo y guiarlo donde cada uno de los civiles del comité central del partido, que aún no lo conocían, para presentarlo con honores de paladín. Fue Angela Droz la que, en medio de aquella lluvia de cumplidos revolucionarios, recordó con acritud la necesidad de que el comandante saliera al balcón y dirigiera su proclama al populacho.

Manuel del Cristo apareció ante el pueblo entre el rugido de una ovación. Por primera vez el cabecilla de la revolución se hacía tangible para la masa que acababa de apoyar, lanzándose a las calles y combatiendo con lo que tuviera a mano, su entrada en la capital. Hasta hoy, su nombre era apenas una leyenda, una referencia misteriosa para los habitantes de una ciudad que sólo sabía de él por los medios clandestinos de información, pero que nunca lo había visto, ni siquiera en fotografías. Fue esta, pues, la primera de sus epifanías, ante una multitud que había llegado a endiosarlo. Una multitud que bajaba ahora el cadáver de Zumárregui del improvisado cadalso y lo hacía circular por la plaza, como un pelele de trapo, poseída de una fiebre vindicativa y fanática.

En el instante en que el caudillo, que jamás había hablado ante un auditorio de tal magnitud, alzó los brazos en ademán de imponer orden y silencio, se experimentó en la plaza una conmoción de orgasmo, una especie de choque masivo que le ganó, en contados segundos y para siempre, el fervor y la devoción de las gentes. Fue algo más allá de lo humano y lo comprensible: un inasible fragmento de minuto en el cual Manuel del Cristo se supo, de una vez por todas, asistido por las divinidades del mando. La sacudida contagió, incluso, a los hilos invisibles de la radiofonía, los cuales la transmitieron, sin menoscabar su fuerza, a millones de radioescuchas que vibraron al unísono en todos los rincones de la nación. Era la revelación de un nuevo e inconfundible jefe; un jefe de cepa popular que debería guiarlos, en triunfo, por los caminos del porvenir. Un jefe que prometía realizar, en el mínimo de tiempo, la gigantesca transformación que el país exigía para encaminarse en definitiva hacia su destino. Que, incontinenti, proclamaba la disolución del ejército, ya en desbandada, y el establecimiento de una milicia formada por los guerrilleros victoriosos y los ciudadanos que voluntariamente quisieran incorporarse. Que ofrecía ejecutar, desde este instante, reformas de fondo que retornarían la tenencia de la tierra a la gente del campo. Que garantizaba la nacionalización de la industria básica, la banca y las minas, así como la obtención de precios justos para el algodón, base de la economía, en los mercados internacionales. Que se proponía desvincular a los capitales extranjeros de actividades tales como la electrificación, el petróleo, la petroquímica, la carboquímica, la siderurgia, la explotación de recursos no renovables, la afinación y refinación de metales, los ferrocarriles, los transportes marítimos y aéreos, los telégrafos, los teléfonos, la radio, la televisión, la publicidad, el control y beneficio de los productos agropecuarios y pesqueros, las operaciones financieras y aseguradoras, la industria de los alimentos y la fabricación de máquinas y herramientas. Que declaraba la inexistencia a todas las agrupaciones políticas diferentes del comunismo, incluídos los partidos de centro-izquierda, en los cuales militaba la mayoría de los intelectuales, pero que estaban, las más de las veces, controlados secretamente por los servicios de inteligencia del imperialismo. Un jefe, en fin, que prevenía contra la certidumbre falaz de que, por el hecho de haber la guerrilla conquistado el poder, la revolución fuese ya una realidad. Que afirmaba, por el contrario, que era ahora cuando la revolución comenzaba, una revolución a la que habría que defender a brazo partido, una revolución al servicio de la cual estarían talentos tan brillantes e inquebrantables como los de la compañera Angela Droz, el compañero Gedeón Núñez (cuya lucha activista urbana había permitido el levantamiento del pueblo de la capital) y el comandante Demetrio Canelas.

Al terminar su discurso, la apoteosis del héroe rebasó lo que tú, Gedeón, o cualquiera de tus conmilitones, pudiese haber imaginado. Fue una consecración espontánea, digna del campo de Marte. La muchedumbre coreó, por más de una hora, el nombre del caudillo, que tuvo que volver una y otra vez al balcón, ante el reclamo de aquella plebe en delirio. Por último, tras las congratulaciones de rigor, Manuel del Cristo anunció que debía ponerse en comunicación con ciudades de provincia donde aún se combatía, y abandonó la sala de recepciones, seguido de Angela Droz. Cuando se supieron solos, en la galería, el caudillo y la guerrillera se observaron largamente, como si tuvieran que identificarse y reconocerse tras los acontecimientos de este día glorioso, y se unieron en un beso que los consustanció por lentos y azorados minutos.

−¿Crees, de verdad, que Angela asesinó a Manuel del Cristo? ¿Qué motivo hubiera podido empujarla? ¿Qué motivo?

Fue Gedeón quien te hizo la pregunta, mientras subían las angostas gradas del pórtico del Tribunal Superior Revolucionario. Sacudiste, con perplejidad, la cabeza. Tú mismo, Garibay, no estabas muy seguro de lo que pensabas y, en el fondo, te fastidiaba tener que reflexionar sobre el asunto. Como abogado criminalista, te seducían los rompecabezas al estilo de Agatha Christie o de Philo Vance, pero, en este caso, la amistad que te unía con los implicados quitaba toda fascinación al problema y lo incluía en tu catálogo personal de lo chocante y lo esperpéntico. Había, por lo demás, situaciones llenas de seducción en la gama del asesinato: dos bondadosas ancianas, que en su tiempo fueron bailarinas de café cantante, se reúnen al cabo de muchos años de separación; mientras rememoran episodios de su *belle époque,* la una ofrece a la otra almendras revestidas de chocolate, que contienen, como es natural, su carga de cianuro; luego la entierra en el jardín. He allí un caso simpático, un enigma para mentes ágiles. Todo ocurre dentro de un clima de serenidad y casi de éxtasis. El asesinato es la nota disonante que, sin embargo, apenas si advertirá el fino oído del espectador, ya que viene envuelta en la plácida apariencia de unos bombones. La muerte llega dulcemente, sin ninguna clase de estrépito. Situaciones como esta, son la delicia de un investigador, que puede comprobar la mayor o menor agudeza de su olfato. Pero, ¿el magnicidio? Era el colmo de la indiscreción y la grosería. Algo en cuya ejecución intervenían culpables intelectuales y materiales; potencias ocultas, en fin, que muy raras veces dejaban en evidencia, por celo y honestidad que en ellas se pusiera, las simples pesquisas de la policía. Gedeón seguía observándote, con gesto inquisitivo. De modo que sacudiste por segunda vez la cabeza y opinaste con desgano:

–No lo sé, créemelo. Lo único que se me ocurre es que pudiera existir, entre los dos, alguna crisis pasional. Todos sabemos que eran amantes. Y entre amantes suelen presentarse estas crisis, que a menudo desembocan en el asesinato.

Lo habías dicho sin ningún género de convicción. Tratabas, sin duda, de imprimir a la muerte de Manuel del Cristo el matiz de intimidad que pedías a un buen drama policial. Querías despojarla de su tono mayor, de su condición de catástrofe. Gedeón hundió en ti su mirada de abuelo, esta vez con un brillo de escepticismo, para redargüir:

–Plausible teoría, si encajara dentro del carácter de Angela. Pero, Garibay, con tu perdón, no da la más ínfima medida. Conozco a Angela Droz desde niña. Para hablar con exactitud, Angela fue educada a expensas del partido, después de una oprobiosa infancia. Yo me constituí en su tutor desde la edad de doce años. A partir de aquel momento, para ella nada, absolutamente nada en el mundo, y mucho menos sus propios afectos, ha privado sobre la idea de la revolución, idea que convirtió en su culto y su razón de existir. Ni aun la peor crisis pasional hubiese podido conducirla a eliminar a quien, en sí, personificaba a la revolución, a quien la había llevado a esa altura de conquistas. ¿Me explico? Manuel del Cristo era, para Angela, más, muchísimo más que un hombre o que un amante: era la materialización de sus ideales. Y, te lo repito, éstos poseían para ella carácter sagrado.

Su gesto fue también de perplejidad al añadir:

–Además, ¿qué arma pudo utilizar? No apareció en el palacio un maldito revólver cuyas estrías coincidieran con las de la bala asesina.

–Si me es permitido preguntarlo –dijiste, moviendo todavía la cabeza mientras atravesaban el vestíbulo atestado de gente–, ¿fuiste tú quien le inculcó esa especie de... sentido religioso de la política?

Gedeón se detuvo al borde de los escalones de mármol que conducían a la segunda planta. Tendió la vista por sobre el gentío aglomerado aquí y allá, personas que reptaban en procura de una solución a sus pleitos con el gobierno revolucionario, y frunció la frente antes de responder:

–Por cierto que no. Para mí la revolución ha significado, por encima de cualquier cosa, una dinámica de pensamiento, una forma de cuestionarnos permanentemente y de cuestionar a las propias instituciones que hayamos forjado en aras de ella. En otras palabras, creo en la revolución como en una cualidad opuesta al dogma y al prejuicio religiosos y, en este sentido, una verdad revolucionaria es para mí exactamente lo contrario de una verdad revelada o de un artículo de fe. Haciendo un juego de palabras, contrapongo revolución a revelación. No sé por qué te digo esto, Garibay. Quizá me esté cogiendo la chochez o acaso confíe en ti. Pero es la verdad. En cuanto a Angela, fui su tutor pero no su mentor. Yo andaba demasiado abstraído en crear células de obreros y focos de agitación. El partido hizo de ella lo que es y créeme que hizo a una mujer muy admirable.

Guardaste silencio, Garibay; ¿qué otra cosa podías hacer? De sobra sabías cuánta verdad encerraban, en lo atinente a Angela, las palabras de Gedeón. No se trataba, en su caso, de una de esas personas que llegan al marxismo por líneas de tangencia, en observancia de alguna moda más o menos chic. Había, en ella, una convencida hasta el tuétano. Sin sombra de duda. A veces, su exaltación revolucionaria llegaba a inspirar miedo. Era la clásica militante de veinticuatro horas, que no transigía con nada que no estuviera rigurosamente ajustado a la inviolabilidad de su código. En punto a literatura, por ejemplo, sólo el Neruda panfletario, el Guillén de protesta y los historiadores o sociólogos de izquierda le interesaban, en el ámbito latinoamericano. Bien lo sabías, la novela le parecía en absoluto desdeñable, por comportar necesariamente, según ella, planos de ficción o de realidades recreadas. ¿Cuántas veces comprobaste, a lo largo de los últimos tres años, esta actitud de su espíritu? Gedeón te tomó del brazo e iniciaron el ascenso de las escaleras. A medida que ganaban el rellano, la vocinglería del vestíbulo fue indiferenciándose, fundiéndose cada vez más en una única voz áspera y bronca, hasta convertirse en un eco de mundos lejanos, de cuyos trabajos y penurias sólo llevamos una impresión vaga en el alma y una borrosa certidumbre en la conciencia.

Con la llegada de ustedes, la sala criminal quedó en capacidad de deliberar. Gedeón anduvo aprisa hasta su asiento, en la cabecera de la mesa, y echó una rápida ojeada a los folios del expediente. Tú escuchaste algo que te susurró al oído uno de los miembros del tribunal. Palideciste de súbito, indagaste detalles. Luego abarcaste el recinto de un vistazo: Angela Droz en su traje miliciano, Santos Moreno chupando una pata de sus anteojos, todos en su sitio, en aparente tranquilidad. Avanzaste hasta el tuyo y ocupaste el mismo sillón sin cojines del día anterior. La cuestión, sin lugar a dudas, empeoraba. Pero todavía lo ignoraban muchos, o fingían ignorarlo. Oíste a Gedeón declarar instalada la sala y de nuevo su voz dirigiéndose a ti, recordándote que tenías el uso de la palabra. Al ponerte de pie, volviste a palidecer, pero esta vez de ira, y todo lo viste turbio en torno tuyo. Angela Droz había colocado en ti sus ojazos negros y axiomáticos como la verdad misma. Te horadaba, te penetraba. Era una posesión visual que suponía cierto matiz incontestable y totalizador. Debiste hacer un esfuerzo para desprenderte de ella e iniciar tu intervención de aquella tarde.

–La declaración del compañero Santos Moreno, que hasta el momento ha servido de guía a la investigación

–dijiste–, nos condujo desde el comienzo a la búsqueda de un ujier de viandas del palacio presidencial, que en determinado instante se acercó a él para rogarle, de parte de la señorita Droz, regresar a la terraza donde habían dejado solo a Manuel del Cristo.

Hubo un murmullo de aprobación.

–La aplicación de la guardia miliciana permitió localizar muy pronto a esa persona, que interrogada comprobó lo afirmado por el canciller. Era mi propósito traer aquí a ese ujier, esta tarde, para tomarle declaración jurada ante el tribunal. Me veré obligado, en cambio, dada la importancia de esta prueba, a presentar el testimonio de quienes, en su función de investigadores, interrogaron previamente a Escilárido Baena. Para ello, aunque sé muy bien que no tendrá igual valor instrumental, solicito que se me conceda un plazo de veinticuatro horas y se postergue hasta entonces esta sesión de la sala. Es el caso que Escilárido Baena no podrá comparecer esta tarde ante nosotros. La verdad es que no podrá hacerlo jamás, al menos ante un tribunal humano, porque hoy, en momentos en que se dirigía a este lugar, Escilárido Baena ha sido cobardemente asesinado.

La imagen de la tragedia rondaba todavía tu cabeza cuando acabaste de almorzar y te dispusiste a meterte en tus mejores ropas, para cumplir, con apremio, la obligación que aquella tarde te señalaba la justicia. Te inclinaste sobre la palangana de peltre para remojar el pelo y, sin poder remediarlo, pensaste en la posibilidad, un poco absurda, de una congestión cerebral. Era la clase de pensamientos que te asediaba desde la noche del magnicidio, desde el instante en que viste a Manuel del Cristo tendido sobre los escaques del embaldosado, sin vida, él que representaba a la vida misma en su cambiante movilidad, en su fluir natural y apasionado. Nunca antes recordabas haber reaccionado, ante un suceso cualquiera, de modo tan emotivo, como si una hipersensibilidad empezara a manifestarse en el conjunto de tu vida psíquica. Pero el asesinato de Manuel del Cristo no era un suceso cualquiera. De alguna forma, el crimen estaba misteriosamente vinculado contigo; sin quererlo, habías coadyuvado en su ejecución y ello te llenaba la mente de campanadas augurales.

Mientras con delicadeza dejabas resbalar por tu pelo los dientes del peine, las antenas de tu cerebro detectaban confusamente el rumor alocado de tu casa: tu mujer fregando los platos y los niños silabeando lecciones e inventando patrañas en el lenguaje que les dictaba la fantasía. Una arista especial de la normalidad hogareña, que hoy, sin embargo, se te antojaba siniestra. En cierto modo, los hábitos de tu casa, que tan familiares te fueron hasta hacía poco, empezaste a desencontrarlos a partir del día que ocupaste el cargo de ujier de viandas en el palacio de gobierno. Era como si la intimidad de tu hogar, el desparpajo de las costumbres caseras, no compaginaran con la historicidad que conferías a tu oficio. Porque tú, Escilárido Baena, creías cumplir un ademán de posteridad cada vez que presentabas una bandeja o ayudabas a abotonar la guerrera a Manuel del Cristo.

El efecto extraño, el desencuentro, tenía hoy un viso distinto. Te parecía que habían pasado siglos desde la muerte del caudillo y que este rumor que te llegaba de la cocina, del pasadizo, de las alcobas, era sólo memoranza de algo que acaeció en una aún más extinta lejanía, algo que en modo alguno podía ligarse a ti, insertarse en tu presente. La vulgaridad de que estuvo rodeada tu vida hasta el momento de entrar al servicio del héroe, no te permitió imaginar siquiera que algún día estarías tan cerca de personas como Manuel del Cristo o Angela Droz, personas con mucho diferentes de las que hasta entonces conociste, individuos singularizados por un poder de seducción, seres irrepetibles que parecían inaugurar cada gesto o cada expresión. De allí, acaso, el sobrecogimiento con que contemplaste el espectáculo de Manuel del Cristo asesinado. Fue como si te aguaran la fiesta más espléndida de tu vida. La fiesta que, aquel día, el día del asesinato, acababa de llegar a su cúspide, al hallar por primera vez ocasión de penetrar en la intimidad de la pareja de héroes, de oírlos reñir en tus narices e, incluso, como plato de fondo, de admirar a Angela Droz completamente desnuda.

Todo fue, por supuesto, obra del azar. Obra, en últimas, del trajín que, para los empleados del palacio, significó aquel baile de máscaras con que Manuel del Cristo deseaba reponer una tradición sepultada por Jacinto Zumárregui, que sentía alergia hacia las celebraciones de cualquier género, salvo las de carácter religioso o las grandes paradas militares. Fue así como, en aras de una reorganización transitoria, reemplazaste por algunas horas al ujier de cámara y tuviste acceso a las habitaciones del caudillo; fue así como estuviste tan cerca del ídolo en sus momentos postrimeros.

A no ser por los acontecimientos que se precipitaron aquella noche, en tu imaginación habría perdurado, como una fijación, la idea de que la intimidad mata la grandeza y nadie es, por tanto, un gran hombre para sus familiares o para su servidumbre. Pero su muerte te devolvió, horas después, la imagen prístina de Manuel del Cristo, con toda su seducción y su poderío, esa imagen que apenas una jornada de servicio íntimo estuvo a punto de dar al traste para siempre. Y entonces la proximidad de que disfrutaste durante aquella jornada, se convirtió para ti no sólo en una experiencia de la cual podrías ufanarte en adelante, sino en una especie de fatal coyuntura que se confundiría con esos minutos que fueron goteando con pereza, hasta cristalizar en aquel último minuto en que la bala asesina perforó el corazón del ídolo y lo borró definitivamente de la faz del mundo.

Te desembarazaste del piyama y quedaste desnudo a la vista de tu mujer, que había abandonado los quehaceres para ayudarte a acudir decorosamente a tu cita con la justicia revolucionaria. Patricia era joven todavía y, a pesar de los nueve años de matrimonio, aún contemplaba con placer y orgullo tu vigorosa musculatura, el pecho velludo y la bien dotada virilidad que colgaba, con la inocencia de un pichón aterido, entre tus piernas. Por un instante, creíste ver en sus ojos un atisbo de nostalgia, como si inconscientemente intuyera que nunca más la roja lascivia que en ella estimulabas y satisfacías, volvería a estremecer su cuerpo y a introducir hormigueos galácticos en su sistema nervioso. Como si supiera que no era con la justicia tu cita de esta tarde, sino con el ave de rapiña de la muerte, que te arrebataría para siempre, como arrebató hacía cinco días a Manuel del Cristo. No obstante, al sentirte desnudo frente a ella, tu pensamiento volaba a otra evocación de desnudez: el cuerpo de Angela Droz, desnudo ante tus ojos en la alcoba presidencial, junto al lecho con dosel que alguna vez acogió la agonía del arzobispo virrey y frente a las lunas venecianas que multiplicaban la divina visión.

Todo ocurrió de una manera muy simple. Aquel Manuel del Cristo en calzoncillos, cuya estampa no tenía el mismo aire de triunfo de sus apariciones ante la muchedumbre con el uniforme de la guerrilla, te había ordenado lustrar las botas de cuero con las cuales asistiría a la fiesta palaciega. Por razones fáciles de comprender, el caudillo sería el único que prescindiría del disfraz en el baile de fantasía. Iría con su guerrera blanca, abotonada hasta el cuello, sus pantalones grises y sus botas de montar. Al volver, te detuviste galvanizado en la pequeña antecámara. El héroe se encontraba fuera del campo de visibilidad, pero a Angela Droz, a través de la puerta abierta de par en par, podías verla completamente desnuda en el centro de la habitación.

No habías sido notado y, dada la disposición de las piezas, pudiste deleitarte en la contemplación de una desnudez que no imaginabas tan esplendorosa. En su habitual ropa miliciana, Angela, bien que llena de feminidad, adquiría cierto aire de recluta, cierto rigor castrense que atenuaba sus encantos. Desnuda, su venustez crecía con la evidencia de sus formas, con el equilibrio de su cuerpo que parecía rezumar una lubricidad agobiadora, capaz de saturar la atmósfera y embriagarla. Aquella visión te sacudió, puso a vibrar en ti fibras recónditas y hubiera quedado grabada con fuego en tu memoria, si el acontecimiento que acechaba a pocas horas no se hubiera interpuesto como una fogarada capaz de reducir a cenizas cualquier recuerdo ardiente.

Manuel del Cristo se hizo visible ahora en el área que dominabas desde la antecámara. Estaba envuelto en un batín rojo y parecía tener motivos de regocijo.

–Son dos las sorpresas que te tengo –decía, estrechando contra el pecho a la guerrillera desnuda–. Ha llegado la hora de que conozcas el disfraz que vas a llevar esta noche. Pero, aún después de conocerlo, te quedará reservada otra sorpresa. Mira.

Anduvo hasta el escaparate de caoba cuya luna reflejaba su figura monumental y sacó el disfraz de geisha, todo de sedas joyantes, que Angela Droz llevaría al baile de fantasía. Lo sostuvo en alto, para que ella pudiera maravillarse. La mujer lo tomó en sus manos, fue con él hasta el espejo e hizo la clásica estimación de primera vista. Luego lo extendió sobre la cama.

–Me he cuidado de que lo arreglen según tus medidas– siguió diciendo el caudillo, mientras volvía al escaparate y sacaba un gran antifaz oriental. –Ahora la segunda sorpresa: tanto el disfraz como esta bella máscara, pertenecieron a mi madre. Los llevó en el último de los bailes de fantasía, antes de la dictadura de Zumárregui. Desde su muerte, permanecían celosamente guardados. Hoy quiero que los lleves, en prueba de nuestro amor.

Volvió a estrecharla y ella le rindió ahora su desnudez. En ningún momento repararon en tu presencia. Deliraban en un éxtasis vagamente entremezclado a la historia del disfraz, que seguía extendido en el lecho, y acaso al recuerdo de su antigua propietaria. Desnudo frente a tu mujer, te esforzabas en precisar aquella escena, vieja de sólo cinco días, pero que en tu mente, Escilárido Baena, parecia diluírse en azules de lontananza. Porque fuiste testigo del último acto amoroso de Manuel del Cristo, de la conmoción que estremeció su envergadura viril cuando la muerte se encontraba ya a la vuelta de la esquina y el mundo, sin él saberlo, se movía en torno suyo con irónico ademán de despedida.

Te replegaste hacia la puerta y, desde allí, viste arder aquellos cuerpos en la hoguera del holocausto. Brutalmente empujados por el deseo, se hicieron el amor apenas en la orilla del suntuoso lecho, a pocos centímetros o casi encima del disfraz. Ahora, frente a tu mujer, te volvían, alquitarados, a la memoria, los aullidos de Angela Droz en el instante supremo. Salvajes aullidos que subrayaron un orgasmo excelso. Cuando los viste desfallecer en las primeras vislumbres de realidad que siguen al espasmo sexual, todavía acezantes y con los genitales entrañados, saliste a escape y lleno de temor por la puerta. ¿Qué escena hubiera podido sobrecogerte a este extremo, a no ser la de Manuel del Cristo tendido, sin vida, esa misma noche, en la terraza oeste del palacio de los virreyes? Aceptaste los calzoncillos que te tendía tu mujer y procediste a cubrir con ellos la parte de tu cuerpo que la evocación empezaba a alterar. Esta tarde tendrías que comparecer ante la sala criminal del Tribunal Revolucionario, para tratar de impedir –un miserable ujier, un ser tan humilde como tú–que la revolución cometiera un error garrafal. Acaso el sentido múltiple de tu vida, desde el instante de tu nacimiento, convergía directamente en este «acto de justicia» que deberías ejecutar por encima de toda consideración: evitar que los tribunales del pueblo incurrieran en la más monstruosa de las equivocaciones. Era como una excrecencia de la importancia que solías conferirte a ti mismo, de tu deseo de figurar al lado de Manuel del Cristo con una hazaña digna de la epopeya del héroe. También, por supuesto, una forma de halagar a Angela Droz, de contribuir a su absolución y granjearte para siempre la gratitud de una mujer que tan insondablemente te impresionaba.

Por lo que a la revolución concernía, ¿habías tenido de ella otra experiencia que la presupuesta en la magia personal del líder asesinado y en la sexualidad visceral de su lugarteniente y amante? ¿Qué significado tenía la revolución para ti? Educación gratuita para tus hijos, un hipotético salario acorde con tus necesidades y capacidades, vivienda asegurada...Sin embargo, tus hijos nunca te preocuparon demasiado; el salario que ahora recibías no lograbas derrocharlo en juergas y mujeres: era lo justo para comer y vestir, en tanto que las drogas y las diversiones saludables de que hablaban los dirigentes, se pretendía que fuesen gratuitas, cuando en realidad eran sólo deducidas del ingreso personal, hubiera o no necesidad de ellas. Ni siquiera una décima parte de tu sueldo podías hoy destinar a tus viejas parrandas, que en tu vida ocuparon lugar de preeminencia. Quedaba sólo la vivienda. ¡Esta casucha semiderruída de los arrabales, que ni siquiera podrías testar a tus hijos! Pero, ¿tus hijos te importaban? Quedaba la vivienda.

Una situación, en fin, por la cual no hubieras arriesgado una uña. De suerte que el «acto de justicia» que te proponías realizar, comprometía más a tu egocentrismo que a tu modo de ver las cosas. Era un acto que nacía, no de la circunstancia de ser hoy un «ujier de viandas» en lugar de un sirviente, lo cual en últimas venía a ser lo mismo, sino de la triple conjugación de Manuel del Cristo en calzoncillos, Manuel del Cristo asesinado y Angela Droz, desnuda, ardiendo de amor entre sus brazos. Quizá de este modo, al contribuir con tus luces a la absolución de la guerrillera, suplantarías a Manuel del Cristo en la acción justiciera que él ya no podía emprender, y en cierta forma verías a Angela Droz quemarse de pasión entre tus brazos, los cuales, de alguna manera, serían los brazos del otro, y el aliento del otro, y el poder de seducción y el fuego del otro.

Abotonaste la camisa con un aplomo que iba muy en consonancia con tu repentino cambio de humor. Patricia vio iluminarse tu rostro y, sin saber por qué, se sintió penetrada por una tristeza agónica. Acaso intuía lo peligroso que es meter las manos en la olla podrida de las potestades públicas, así se ponga uno de parte de quienes parezcan estar usufructuándolas. Acaso sabía que son precisamente los humildes los que sufren más cuando a los grandes les da por mostrarse los dientes. Que hacer favores a políticos es halagar, pero también tentar su soberbia. Y que no se debe prestar servicios de ningún género a hijos de puta ahítos de vanidad o poder, a riesgo de tener que soportar para siempre el varapalo de su ingratitud. A ti, nada de aquello te inquietaba. Tus razones eran de otro orden. Claramente expresaste, en el curso de los interrogatorios, tu opinión a la guardia miliciana. Y la guardia se asombró de tu perspicacia y capacidad de observación. No mencionaste, por supuesto, la escena de amor que habías presenciado por azar y que muy poco podía aportar al sumario. En sustancia, tu declaración se fundó en la mancha violeta que afeaba el disfraz de la presunta Angela Droz en el momento en que se te acercó, mientras la orquesta ejecutaba el minueto de Exaudet, a pedirte que fueras donde el doctor Santos Moreno, en el otro extremo del salón, y le rogaras, de su parte, volver sin dilación al lado de Manuel del Cristo.

¿Por qué reparaste, con acierto tan singular, casi se diría que con vehemencia, en un detalle que, todavía a aquellas alturas, hubiera podido antojarse nimio? Precisamente porque, horas antes del baile, tuviste ocasión de contemplar a Angela Droz cuando acababa de ponerse el disfraz de geisha. Porque el esplendor anatómico de la mujer, no te impidió apreciar la pulcritud del atuendo: la misma que aún era posible admirar varias horas después, cuando la geisha crispaba las manos, con desesperación, ante el cadáver de su amante y caudillo. ¿Cómo apareció y desapareció la mancha? Tu opinión ante los investigadores fue categórica: la persona que, con un disfraz y una máscara idénticos a los de Angela Droz, fue a pedirte llamar a Santos Moreno, era evidentemente un impostor, alguien que copió el atavío de la guerrillera para hacer recaer sobre ella las sospechas, pero no contó con la presencia de esta mancha, observada igualmente por Santos Moreno y, según sus declaraciones, por el propio Manuel del Cristo; presencia que hacía palmaria la impostura y debía dar, por fuerza, otro rumbo al proceso.

El interrogatorio se hizo intenso en este punto y comprobaste, con alivio, que la guardia miliciana tampoco parecía inclinada a culpar a Angela Droz. Te viste obligado, sin embargo, a pormenorizar las circunstancias por las cuales te era posible afirmar que la mancha no existía, ni previa ni posteriormente al asesinato, en el atuendo de la heroína. Tuviste, pues, que volver sobre aquellos minutos que afluían hacia la muerte de Manuel del Cristo y en los cuales, por primera vez, compartiste un poco la intimidad del caudillo. La hora crepuscular que te sorprendió volviendo con las botas a las habitaciones presidenciales, temeroso de hallar de manos a boca, por el laberinto de los pasadizos, al espectro penante y ululador del arzobispo virrey. Esta vez, te cuidaste de golpear antes de entrar.

Habían transcurrido diez minutos desde tu fuga y hallaste a Manuel del Cristo aún con el batín rojo y una toalla anudada al cuello. Angela, en cambio, vestía ahora el imponente disfraz y se paseaba nerviosamente de uno a otro espejo, verificando la exactitud de las medidas e incluso la propiedad con que era capaz de llevarlo. Hubiera sido difícil imaginar a una Carlota Corday que, con tan franco acceso a las habitaciones de este *ami du peuple,* escogiese la confusión del baile de máscaras, en vez de la bañera, para asesinarlo. No lo pensaste tú, que ignorabas quién fue Carlota Corday, pero lo dijo en notas editoriales, dos o tres días más tarde, el periódico del partido.

Al entrar pudiste advertir, sin embargo, que la atmósfera estaba cargada. Manuel del Cristo denotaba tensión y los movimientos de Angela tenían esa mecanicidad nerviosa que suelen dejar ver las mujeres en los instantes de crisis reprimida. Mientras comprobaba el bruñido de las botas, él dijo, con acento de sincera tristeza:

–Toda mi vida ha sido apenas un intento de ser útil.

Te indicó, con un gesto, que lo ayudaras a ponerse el uniforme. Era evidente que no echaba de menos a su ayuda de cámara. Te tomaba por el de siempre. Por eso, quizás, hablaba sin inhibiciones, dando a sus palabras un tono lastimero que no cuadraba a su leyenda de héroe.

–Pero nadie es útil como quiere–concluyó–, sino como puede.

Angela Droz, que le daba la espalda para mirarse al espejo, se dio vuelta ahora con llamaradas en sus ojazos.

–En la guerrilla–dijo–, nos prometimos, si algún día llegábamos al poder, hacer únicamente lo justo, aquello que supiéramos que convenía al pueblo, seguros de que lo demás se nos daría por añadidura. Ahora, cuando tanto esperábamos de ti, has resultado invirtiendo los términos: quieres ser clemente o misericordioso antes que justo.

El caudillo escuchó sin responder. La voz de la guerrillera se hizo un poco menos despótica, para inquirir:

–¿No lo sabías, Manuel del Cristo? El número de los que pasan por bondadosos, porque no saben ser justos, es infinito. A ratos me parece que te olvidas de lo que tuvimos que sufrir, y lo que tuvo que sufrir el pueblo, para llegar a abrigar una esperanza. Esa esperanza eras tú. No nos defraudes. Sabes muy bien que el capital privado, pero en particular el extranjero, es nuestro peor enemigo. ¿En qué han quedado tus promesas? La reforma agraria, la urbana, se acometieron con energía y, como era de esperarse, culminaron con éxito. Pero la política de nacionalizaciones la fuiste dejando atrás, como si te diera miedo enfrentar a los vampiros chupadores de sangre.

Lo habías ayudado con la camisa y ahora le sostenías los pantalones para que introdujera las musculadas y velludas piernas. Mientras abotonaba la bragueta, el caudillo fue hablando. Daba la impresión de que sus propias palabras lo traspasaran.

–Es muy fácil, Angela, expresarse de esa manera –la reconvino–, pero yo no puedo acarrear más ruina, más desconcierto. Si llego a un acuerdo con Atkinson, si obtengo las franquicias para el algodón, entonces el esfuerzo que hicimos para dar tierras a los campesinos habrá sido algo más que un bello gesto, porque recibirán el beneficio de su trabajo. De otro modo, el algodón se pudrirá en los depósitos. Los países que se dicen amigos, no pueden absorber nuestra producción algodonera, dejémonos de soñar. Mucho menos a los precios escandalosos que suponen los fletes, cuando hay que llevar el producto al otro lado del mundo.

Al terminar de hablar, tenía ya puestas las botas y te disponías a ayudarlo con la guerrera. A tus espaldas, oíste la voz penetrante de Angela:

–Serguei Bukovski ha hecho propuestas respetables– dijo. Había un frío énfasis en sus palabras que te hizo pensar, sin verlos, en sus ojos ardientes y, en tu memoria, estableció un contraste excitante con sus aullidos en el momento del orgasmo.

–¿Qué clase de propuestas?–requirió Manuel del Cristo–. Cualquier transacción que hiciéramos con él, tendría un inquietante matiz de subsidio paterno. Es un hecho, prefiero negociar con el mejor postor que entregarme a Bukovski atado de pies y manos. El problema, compréndelo, no consiste en librarnos de uno, sino de todos los cesarismos financieros.

Ahora viste a Angela avanzar hacia él, que terminaba de abrocharse la guerrera. En los ojos del cabecilla había más tristeza que angustia.

–Atkinson –profirió ella– es el viejo enemigo. Y la revolución está obligada a despedirlo por donde vino. ¿Qué ganamos con el rompimiento de relaciones, si ahora aceptamos embajadores de buena voluntad? ¡Al diablo con estos vendedores de repuestos Ford! Una revolución es un acto de voluntad y donde no hay señorío de sí mismo, no hay sino esclavitud.

Manuel del Cristo apeló entonces a la ternura. Trató de buscar en el corazón de Angela lo que no hallaba en su razón. Mucho debía amarla, para condescender, un espíritu fuerte como el suyo, a esta índole de satisfacciones. La estrechó contra sí y dijo, en son de amorosa recriminación:

–Dejemos esto por hoy. Lo único que te pido es un poco de paciencia. Tenemos el futuro y, cuando se habla de revolución, hay que hacerlo con los horizontes abiertos. Ten confianza en mí, como la tiene el pueblo, y comprende, mujer, que yo no puedo hacer de la revolución una medida a cordel. A veces hay que improvisar un poco.

Ya en trance de retirarte, viste a Angela doblegar la cabeza y hundirla, acaso con desesperación, en el pecho del líder. Si dejó escapar un sollozo, jamás lo supiste con certidumbre. Sabías apenas que cerraste la puerta, rumiando para tu capote lo mucho que se habría asombrado tu madre linda, si hubiera podido verte entre dos capitanes, casi, casito, como árbitro de una conversación que ni siquiera entendías.

Tu mujer terminó de acomodarte el pañuelo en el bolsillo del saco y te ofrendó la boca para la despedida. Le acordaste un beso tangencial, entre el borroso presentimiento que creías leer en su cara. Otra mujer, voluntariosa y única, ocupaba tus pensamientos. Otra mujer esculpida ya en bronce eterno, con unos ojos de hielo y de fuego que te atenaceaban, imanándote, desde cualquier sitio del mundo. Ni siquiera atendiste el reclamo de tus hijos, que exigían el adiós de todos los días. Te lanzaste por las escaleras, con la certeza de acudir a la única cita a la cual no es posible faltar. La calle te sorprendió con un baño de luz dorada que te hizo recordar un día, en tu infancia, errando entre crisantemos de la mano de tu padre. El taxi avanzaba lentamente hacia ti y le hiciste señas. Te sorprendió verlo orillarse en la acera opuesta. Entonces viste al tipo pelirrojo y atlético, con esa facha de pirata venido a menos, abrir la portezuela y sacar esa cosa metálica. Después fue sólo una última sensación de vahido en el limbo agonizante de tu memoria.

III

Pasadas las seis de la tarde, se precipitó la lluvia. Los rojos incandescentes y los oros del crepúsculo se marchitaron más allá del tapiz grisáceo del agua. La ciudad se sumergió en un caos de luces y sombras trizadas por los goterones que daban semblante espectral al conjunto. Los faros de los automóviles eran interceptados por una cortina de hebras lacrimosas, que empañaba y terminaba por anular la fuerza de la luz. En las aceras, las bombillas de los cafetines naufragaban en un glogloteo opaco, escurriendo una luz rojiza que goteaba hasta estrellarse sobre el pavimento. Armado de paciencia frente al volante, veías desfilar a ambos lados del vehículo las siluetas acuosas de los rascacielos, como fantasmas brotados de un pantano y alineados en escolta fúnebre. Los limpiaparabrisas oscilaban como títeres mecánicos ante tus ojos, dejando entrever, a través de los cristales, los bultos que se esponjaban unos metros adelante y te impedían presionar el acelerador para librarte de esta confusión de sombras licuescentes.

La jornada te había agotado y, a pesar del diluvio, que prometía prolongarse horas, perseveraste en la idea de ir hasta el Domo del Aguila a echarte unas copas y ver si saltaba la liebre. Te fastidiaba tener que movilizarte en el automóvil oficial, tratándose de una incursión de este género, pero más fastidioso hubiera sido quedar a merced de un taxi en estas condiciones y–por sabido se callaba–la posesión de vehículos particulares era, en las circunstancias presentes, poco menos que un delito.

Avanzaste bajo el neón deslustrado de los avisos, hasta ganar, con hábil peripecia que te sacó de la congestión que crecía en las arterias centrales, la cinta húmeda de la Autopista Sur. A despecho de la lluvia, el calor se agarrotaba en la cabina, acicateado por la ilusión de frescor que daban las gotitas pegadas a los cristales, devorados por un vaho que denunciaba la diferencia de temperaturas afuera y adentro. Pero, ahora, los primeros chalés suburbanos avanzaban y reculaban ante tus ojos, ocultos a medias por el encaje del agua, y ello te traía una sensación de alivio. Rodeados de árboles y jardincillos, eran el campo metido en la ciudad, como si el aire de las granjas les prestara por un instante su pureza para reemplazar la suciedad de una atmósfera que la lluvia se esforzaba por lavar y reoxigenar.

Tuviste, un punto, ganas de abrir la portezuela y lanzarte a la carretera para dejarte embeber por el agua. ¡Qué lejana parecía aquí, en medio de este paisaje que te devolvía a la niñez, la muerte de Manuel del Cristo! ¡Qué ajeno y confuso todo! ¡Qué indeseables la política, el partido, el andamiaje de la administración! ¡Qué distinta la vida, la vida verdadera, la que palpitaba en cada gotita que se deslizaba por el parabrisas, en cada hilo vertical de agua, en el verde húmedo de los prados, en las tapias bordeadas de zarzas a la orilla de la carretera, en el ruido de la lluvia, en el zumbido del motor, en la pesadumbre gris del cielo! Y no obstante, la vida, toda la vida la llevabas consagrada a alimentar con tu sangre las arterias anémicas del Estado, el torrente sanguíneo de la administración, con la que sostenías desde muy joven un intercambio de glóbulos que, en un principio, creíste saludable para ti, y luego discerniste en su lánguida verdad, al comprender que lo que creías chuparle al Estado te lo chupaba él a ti, en un escamoteo inacabable y succívoro que te consumía y te robaba lo mejor de la existencia.

Era una situación que, a estas alturas, no podía encontrar remedio. La costumbre vence a la ley y también a la naturaleza y al carácter. Tu inclusión en el Sanedrín revolucionario tuvo variedad y complejidad de motivos. Estuviste lejos de ser un paladín de la lucha contra Zumárregui. Pero tu habilidad para los negocios te aseguró, por una paradoja de la fortuna, la confianza de los guerrilleros y del partido, mucho antes del golpe de Manuel del Cristo. Te avergonzaba recordarlo, Garibay; sobre ti pesó siempre el temor de que, algún día, todo quedara al descubierto y tus enemigos aprovecharan para colocar tu condición de prócer en tela de juicio. Nadie mejor que yo hubiera podido recordártelo, pero siempre te cuidaste de presentarte ante mí como un leal canezuelo al que es preferible arrojar un hueso de vez en cuando. Hiciste una pequeña fortuna, en tiempos de Zumárregui, comprando a los tratantes portuarios, muy por debajo de su precio real, las licencias de importación para embarques que, por uno u otro motivo, no hubiesen podido efectuarse. En la mayoría de los casos, los papeles, ya en tu poder, iban a respaldar importaciones diferentes de las especificadas, para lo cual te valías de tus buenas conexiones en la Aduana. Mercancías de mucho mayor valor que las autorizadas por el Control de Comercio Exterior, llegaban a tus bodegas amparadas por falsas especificaciones, sin riesgo para ti, ya que los peticionarios originales se habían preocupado de aportar pruebas sobre la legitimidad de los despachos. En una de estas componendas te topaste de manos a boca con un cargamento de armas.

El embarque había sido hecho desde algún lugar del Caribe, con destino al ejército de Israel, por un exprófugo nazi, siervo por ese entonces del oro de las agencias de espionaje imperialistas, en un *tramp* de carga que utilizaba la bandera complaciente de los mercantes panameños. Las armas iban aforadas como maquinaria ligera y en ello radicó tu golpe de suerte. Porque, en vísperas de tocar en nuestros muelles, la señorita Klarsfeld promovió un escándalo alrededor de la verdadera personalidad de un traficante de cocaína radicado en Asunción, al cual identificaba con uno de los peores verdugos de judíos en tiempos del hitlerismo. El traficante no era otro que el remitente de las armas, de modo que al capitán no le quedaron ganas de seguir responsabilizándose por el cargamento y procuró desembarazarse de él lo más pronto que pudo. A ti te bastó sacar a relucir unas licencias para importación de maquinaria ligera, compradas unos meses antes, por una bicoca, a un árabe en quiebra, y lo demás lo hiciste en combinación con un empleado de la Aduana que era, en secreto, militante del partido. Las armas, por las cuales se te pagó un precio razonable –que, sin embargo, no alcanzaba a ser ni la décima parte de su valor real–, llegaron en menos de tres meses a la manigua donde se refugiaba Manuel del Cristo, camufladas en unas jaulas de guacamayos que un holandés disfrazado de yanqui quería llevar hasta las selvas limítrofes del oriente. La dotación resultó definitiva en la lucha contra Zumárregui y, a partir de entonces, tu nombre comenzó a ganar prestigio entre los cuadros del partido, al punto que, no bien la guerrilla dio en tierra con la dictadura, se te elevó a la condición de miembro del comité central.

Nada se te pudo reprochar desde entonces. Tu participación en la empresa revolucionaria fue, a partir de aquel momento, de las más concienzudas y sólidas.

Organizaste y vertebraste las nuevas modalidades de la justicia. Pusiste en ello todo tu empeño y tu formación jurídica. Llegaste al sacrificio mismo. Cuestionaste los fundamentos de tu educación, para mejor servir a los ideales del pueblo. En ello te iba, por supuesto, la seguridad. Pero estuviste lejos de adoptar actitudes poltronas. Tu inmolación fue total y casi podría afirmarse que sincera. Consagraste a esta lucha tu mente y tu espíritu, con detrimento de tu interés e, incluso, de tu disfrute de los sentidos. Apenas si, al abrirse hace unos días el proceso a Angela Droz por el asesinato de Manuel del Cristo, te saliste un tanto de tono al reconvenir a Gedeón por sus palabras presuntamente misericordiosas. No podrías fácilmente garantizar, ante hombres de tanta abnegación como la suya, tu vigilia revolucionaria en tiempos de Zumárregui. Pero el crimen y el proceso los traían a todos descabalados. En ti se agitaba, a contrapelo de tus propias cavilaciones, una vaga conciencia de que Angela no podía ser culpable. Una vaga conciencia que, sin embargo, no te impidió esta misma tarde —eran imágenes que evocabas mientras forzabas al auto a avanzar por entre el fango de la carretera y la cortina de la lluvia— increpar otra vez a la heroína, llamando la atención sobre las decepciones que sufrió de Manuel del Cristo como líder. Querías apaciguar tu conciencia hallando una brecha por donde penetrar a los motivos últimos de Angela y demostrar, de una vez por todas, que si mató a su caudillo y amante fue porque veía en sus recientes actuaciones, en sus aparentes debilidades, la falla que agrietaba al monolito de la revolución. La hipótesis no podía convencerte, pero tú mismo habías advertido, al iniciarse el proceso, que lo que aquí hicieran sería «terriblemente oficioso» y, en este sentido, conocías muy bien, Garibay, los deberes que todos esperaban que cumplieras, como fiscal del pueblo. La conciencia era, pues, sólo un fastidioso abejorro cuyo zumbido, para tu mente advertida de las falacias de la intuición, tenía la misma calidad devaneadora y huera de los oráculos antiguos.

Para tu sorpresa, Angela aceptó de buen grado lo que hubiese podido rechazar como hipótesis burda. Reconoció la manera como, en los últimos meses, sus disputas con Manuel del Cristo subieron de punto y de frecuencia, dado el cariz entreguista que ella atribuía a su política sobre franquicias para el algodón, así como a la nueva actitud del caudillo frente a los consorcios supranacionales. Dijo que, por lo demás, su disentimiento era de todos conocido y fue expuesto con amplitud ante el comité central la noche misma en que el caudillo leyó por radio y televisión sus replanteos y anunció su intención de recibir al embajador de buena voluntad que Washington había prometido enviar si el gobierno revolucionario consentía en acogerlo.

–Para nadie es un secreto –recalcó, de pie ante sus jueces como una deidad crecida en su humillación– que a lo largo de estos tres años sostuve la necesidad de construir la revolución a costa de sacrificios. De hambre y sed, si fuera preciso. Mal podía cohonestar la empresa ambigua de edificar un Estado revolucionario a cambio de oscuras connivencias con el imperialismo. Pero comprendan que, de allí a asesinar a Manuel del Cristo, hay un largo trecho. Un abismo que mi sola amistad con él me habría vedado trasponer.

Tu mirada chocó, en aquel instante, con la de Gedeón. El y tú, Garibay, evocaron la misma instantánea imagen. El rostro ya rasurado de Manuel del Cristo llenando con su magia gesticulante la pantalla del televisor. El asombro que sus palabras iban causando entre los miembros del comité central, derrumbados en silencio ante el aparato. Eran momentos de expectación, y una triste verdad saltaba a la vista: las agencias internacionales de prensa se habían olido el tocino mucho antes que ustedes, y los rumores que circulaban, hacía varios días, en el extranjero, sobre una apertura de la línea revolucionaria, se aproximaban a la verdad muchísimo más que las conjeturas con que este comité de papanatas procuraba mitigar la zozobra evidenciada, de un tiempo a esta parte, en los sectores ortodoxos del partido.

Los semblantes sombríos no se apartaban de la superficie de bario donde la imagen del caudillo se aplanaba y extendía, en una sucesión de efectos de luz y sombra que daban, como el mundo, una ilusión de continuidad. Estaban en el viejo y sórdido caserón del partido, el mismo desde el cual se planearon los más audaces desafíos a la dictadura de Zumárregui. Angela se había ovillado en un diván, muy cerca del aparato, y tras ella, el elenco mayor, desplomado en dos o tres sofás de cuero, seguía con ojos bovinos el desarrollo del discurso. Al comienzo, las determinaciones de Manuel del Cristo no parecieron tan claras. Luego, su nitidez golpeó, con fulgores de llamarada, las mentes de los hombres sumidos y como incrustados en los cojines. *Et nunc reges...* El caudillo amonestaba sobre la imposibilidad de entregar al país, atado de pies y manos, a la avidez de los imperialismos de Oriente. Estimaba una ridiculez el precio que los aliados de la revolución acordaban al producto básico, máxime cuando el país se acomedía a pagar los fletes de su transporte a los antípodas. De resto, la asistencia técnica, recibida a trueque de respaldar al bloque oriental en los foros del mundo, apenas sí servía para ir marchando a la zaga de los tiempos, no, en ningún caso, para albergar esperanzas acerca de una igualdad futura en los niveles técnico y científico. A este paso, terminaríamos, con relación a los países industriales, tan pobres y atrasados como los cavernícolas respecto de nosotros. Acabaríamos por ser, si acaso, una avanzadilla estratégica del Oriente, empotrada en eso que llamaban «la inmensa sociedad occidental de consumo». Pero nada más.

Triste destino. El orbe occidental nos ofrecía, entretanto, oportunidades cuyo buen aprovechamiento dependía de la habilidad con que sometiéramos sus inversiones y mantuviéramos a raya sus ambiciones cesáreas. Una revolución era, ante todo, búsqueda de caminos y soluciones. El dogmatismo había de quedar excluido. Si Washington accedía a aprobar cierto género de franquicias aduaneras para el algodón, que equilibraran e hicieran justo su precio en el mercado mundial, no veía razón para dejar de reanudar el comercio con Norteamérica, siempre y cuando defendiéramos con las uñas y el pico nuestra soberanía política y perseverásemos en la empresa de nacionalizar cierto tipo de riquezas, comunizar la propiedad y colectivizar el consumo. Se trataba, en este caso, de negociar con el mejor postor y asegurarnos un ingreso congruente por persona. Washington estaba dispuesto a enviarnos un embajador de buena voluntad, con el cual se convendrían severas condiciones para el nuevo tratado. Lo recibiríamos. Ahora bien...

¿Qué contrapartida pedía Washington? Aquí era donde el orégano se volvía alcaravea, al menos en el sentir de los viejos leones del comité central. La Casa Blanca exigía que se franquearan nuestras puertas a cierto tipo de capitales extranjeros, de carácter supranacional, a fin de producir, dentro de nuestras barreras arancelarias, artefactos de alta tecnología que nuestras fábricas, por sí solas, no podrían ni soñar. La propuesta tenía el aliciente de conllevar un aporte importante de técnica, bajo la traza de patentes; técnica que nosotros no desarrollaríamos, por nuestros propios medios, ni aún a la vuelta de largos años. Tanto las compañías supranacionales como el consumidor nacional, derivarían beneficios de la baratura de nuestra mano de obra y el producto disfrutaría de iguales franquicias que el algodón, no sólo en los Estados Unidos, sino también en los países que aportasen capitales a la empresa. Para anonadar cualquier suspicacia, Manuel del Cristo proponía abrir las fronteras a este género de inversiones bajo la estricta condición de que, en cada caso, la nación hiciese aportes de capital directamente proporcionales a los hechos por otros países. La asociación se realizaría dentro de un marco de reglamentaciones «estables y claras», que preservarían la misión orientadora y planificadora del Estado, regularían las relaciones del trabajador con el capital extranjero y limitarían la capacidad de expansión de dichas sociedades. Estas reglamentaciones debería promulgarlas, en plazo de seis meses, el Consejo de Ministros, provisto como estaba de facultades para legislar. El plan resolvería, en gran parte, la escasez de productos de consumo y contribuiría en forma decisiva al pleno empleo que la revolución traía prometido desde sus comienzos. Sería también una manera de diversificar nuestro comercio exterior y aspirar a una realización, en el plano del desarrollo económico, sin atenernos tan sólo a nuestra técnica incipiente y a nuestros escasos recursos en moneda. Otra cosa sería confiarnos indefinidamente a la ayuda de las potencias socialistas, que nos llegaba por dosis de homeópata, y aferrarnos a una esperanza que el pueblo, con su poder proverbial de intuición, había juzgado ya vana y peligrosa.

Las palabras de Manuel del Cristo no hubiesen dado, ni aún a mentes nada precavidas, la sensación de una propuesta. Eran, en sí mismas, una decisión irrevocable que el caudillo se limitaba a notificar a su pueblo. Los leones del comité central se revolvieron en sus asientos, sin saber qué hacer ni qué decir. La manera como el capitán había dado en plantear la estrategia, derivaba de premisas «progresistas» y «desarrollistas» que ellos no estaban dispuestos a aceptar ni siquiera como materia de discusión. Alguien apagó el televisor y el desconcierto gravitó en la habitación como una presencia anonadante y bochornosa. Gedeón Núñez anduvo cabizbajo hasta la despensa y regresó con una botella de vodka rusa, de la que a todos ofreció una copita. Había que pensar, había que madurar algo... Angela rechazó con desdén la copa labrada que Gedeón le extendía. Era una abstemia inexorable y le gustaba subrayarlo a cada ocasión, pero, esta vez, su gesto tenía un significado más terminante. Se puso de pie y señaló con un ademán el televisor apagado, como si todavía se agitase en él la proyección gesticulante de Manuel del Cristo. Abarcó con la mirada a toda aquella punta de burócratas metidos en trajes raídos y oscuros, y asomó a sus facciones el mohín de la mujer que se sabe ante la impotencia y la cobardía de un puñado de varones. El humo aborregado en la habitación la circuía, dando a la contraluz que rebordeaba magníficamente el contorno de su silueta el efecto de un halo que envolviera el cuerpo glorioso de una pitonisa.

—Aquí —dijo— murieron nuestras esperanzas. Dicen que las razas de buena sangre tienen el cojón prieto, pero yo no veo sino aguachirle en las arterias de nuestro partido.

—¿Qué podemos hacer? —inquirió Gedeón—. Dimos a Manuel del Cristo poderes extraordinarios y nos comprometimos a acatar su mandato. Ahora tendremos que ir adonde quiera conducirnos. Al fin y al cabo, sabemos que obra de buena fe.

—El que lanza una piedra a lo alto, suele recibirla sobre la cabeza —insistió Angela, siempre con aquel aire sibilino—. A Manuel del Cristo lo dejamos demasiado solitario en la cumbre y en el vértigo de su caída va a suscitar una avalancha que nos sepultará a todos. ¿Vamos a cruzarnos de brazos sabiendo que se nos viene la avalancha?

–¿Qué podemos hacer? –repitió Gedeón

–Bajarlo antes de que lo baje el vértigo –dijo fríamente la mujer.

Hiciste un rápido viraje para evitar la colisión. Hundido en los recuerdos, no viste a tiempo el camión que venía a tu encuentro y estuviste a punto de ir a incrustarte en las anchas defensas del chasís. Las llantas resbalaron en la humedad fangosa de la autopista y debiste maniobrar aprisa los frenos y el volante para mantener el equilibrio y no meterte de narices en el lodazal de la cuneta, donde habrías encallado sin remedio. Oíste, a tus espaldas, el juramento del camionero, pero el vapor acuoso que ahora impregnaba el aire de la cabina, mezclado con ásperos perfumes de huerta, penetraba tu organismo con la eficacia de un reconstituyente espiritual; de forma que rectificaste el rumbo por el asfalto húmedo y suave, y empezaste a silbar una tonadilla de la infancia. *¡Ay, quién tala mis bosques dorados y floridos! ¿Qué leo en el espejo de plata conmovida que la aurora me ofrece sobre el agua del río?* La vida, querido poeta fusilado, la vida. Un par de nalguitas trémulas. Hecatombe catártica. El espíritu desastrado para renacer de la zarza ardiente. Ciclópeos árboles reculando a ambos lados tuyos. La carretera perdiéndose en el horizonte como un camino sin fin hacia el tesoro del arcoiris. La pelambre de los sauces, siempre haciendo zalemas y venias a la orilla de la carretera. Y atrás, la infancia, segura como un tesoro en la caja de caudales, firme como los recuerdos que se dejan en casa, pura como las sábanas que lavaba mamá. *¿Qué lluvia de silencio me deja estremecido? Si a mi amor dejé muerto en la ribera triste, ¿qué zarzales me ocultan algo recién nacido?*

El Domo del Aguila se reveló ante ti, entre los filamentos cada vez más delgados de la lluvia, con el prestigio luciferino de sus neones que naufragaban bajo los goterones resbalados del techo. Primera estación del infierno. Satán con sus barbas grises. Peligro, zona de estacionamiento. Un perro se atravesó, te esquivó con un esguince y fue a dar a la cuneta. ¡La presencia del hombre! Luces que restallaban aún entre el velo del agua. Charcos con luces concéntricas. Te detuviste frente a la puerta, recatada por una cortina de bambú. Aquí no había llegado la revolución. Aquí se jodían la influencia ejercida por la diferencia existente entre el capital fijo y el capital circulante sobre la cuota del beneficio y todas esas pamplinas. Abriste la portezuela, te echaste un pañuelo sobre la cabeza, corriste hacia la casa, hacia la cúpula hemisférica que emergía del suelo como una especie de observatorio astronómico, con su águila pasmada en lo alto. Apartaste las cañas nudosas, engarzadas en alambres que las articulaban y hacían flexibles, y te mareó la medialuz roja y verde suspendida del cielo raso en globos de papel. Experimentaste un impulso de retroceso, quisiste huir, pero pensaste en la noche que caía, sin estrellas, sobre el mundo frío, emparamado y legamoso; en la queda que pronto ulularían las sirenas de las fábricas; y sentiste el calor y la intimidad del Domo como si en vez de llegar a un lugar de pecado llegaras a la casona de la infancia, con los hojaldres crepitando en el fogón y tu madre perdida entre el humo y el hollín de la cocina a la manera de un hada rezongona y bondadosa.

–¡Juan! ¡Tanto tiempo! ¿A qué debo el milagro?

Era Javier. Allí estaba, como tantas otras veces, feliz de poder de nuevo sentir tu potencia entre sus nalgas trémulas. Listo a entregarse, como una cortesana antigua, cosquilleado por las estrellas que sustraía a la noche, nutriéndose de tu pena, del placer que te congestionaría hasta desbordar en un licor blanquecino de tu virilidad hacia la negrura de sus cavernas de vicio. Gitón, ay, siervo eterno de Encolpio: «para el marmitón todo huele a grasa». *¿Qué es lo que guardo en estos momentos de tristeza? ¡Ay, quién tala mis bosques dorados y floridos!*

Hubieras querido correrla con otro, cambiar, gozar a otro. Pero te sentaste a su lado, pediste ron con hielo, le preguntaste qué tomaba. Te viste reflejado en sus ojos, profundos como ágatas zafirinas. Sus ojos que sonreían, que prometían altas temperaturas de delicia. Y años de dolor resbalaron por tu mente. ¿Quién eras ahora? ¿El mismo que, esa tarde, se atreviera a desafiar la majestad de Angela Droz, entre un puñado de jueces y funcionarios soñolientos, para tratar de demostrar lo que ni en broma pensaba, que la heroína mató a su amante y caudillo a fin de evitar la entrega de la revolución en manos de los banqueros, de los cambistas, de los galafates de Wall Street? ¿Ese eras? ¿Ese mismo hijo de puta?

–Usted desvaría, Garibay–dijo Angela, bella en su atuendo miliciano–. Piense tan sólo que, apenas una o dos semanas después de aquel discurso, nos vimos envueltos en la conspiración de agosto y, a no ser por mí, Manuel del Cristo habría sido asesinado. Todos aquí lo saben. Guzmán Apráez instigó a aquella caterva de traidores que entraron enmascarados al palacio. No tengo empacho en contarlo, si así lo desean, con lujo de detalles. Yo hacía compañía, y perdonen el eufemismo, a Manuel del Cristo en la alcoba presidencial. Nos disponíamos a meternos en la cama...

Se disponían a meterse en la cama. Habías abierto los listones de plástico de la persiana y la luz de la luna envolvía como un soplo la habitación, dando a los objetos relieves fantasmales. La ciudad colonial se extendía afuera como un interminable encadenamiento de soledades, aisladas entre sí por plantas, alzados y piedras de aparejo. Manuel del Cristo te había desceñido el sostén y presionaba con las manos tus senos, mientras recorría con la lengua los pezones, eréctiles en el centro de las graciosas aréolas. Estaba sentado en el borde de la cama con dosel donde virreyes de áureas casacas y jubones escotados entretejieron pesadillas imperiales. También Zumárregui devanó por largos años, en este lecho, la madeja de sus ilusiones mesiánicas. Pasado y presente coexistían a menudo en el aposento, enervados ahora por la presencia acidulante del amor.

Enajenada por el crescendo del placer, habías echado atrás la cabeza y entregabas al héroe los pechos como si se tratara de desgajarlos para el ofertorio. No eras en este momento la implacable ideóloga, la heroína, sino una bestezuela hambrienta de deleite, ansiosa de ser bebida hasta el último sorbo. Las manos de Manuel del Cristo – manos de aristócrata o de amante sabio– empezaban a descender por el suave perfil de tu torso, para hallar el ribete superior y elástico de tus enaguas e irlas bajando con ellas, hasta descubrir, con gozo y angustia, la híspida sombra de tu sexo y hundir en ella los labios que el deseo azoraba. Entraste en tal desvarío, al volver a sentir el roce de aquellos labios que buscaban entre la maraña de pelo el ángulo anterior de la vulva y la pulpa delicada del cuerpecillo clitorídeo, que tu mente se puso a girar en una ebriedad de imágenes, de las cuales surgió de pronto, como salido por azar de un letargo de siglos, el rostro probable y borroso del arzobispo virrey.

No era, por supuesto, el mismo rostro que figuraba en la galería de gobernantes del palacio. De ninguna manera era aquel el rostro congestionado y satisfecho que la paleta de un pintor áulico plasmó para la historia. Era, por el contrario, el de un hombre linfático, tembloroso y semicadavérico, con la mitra, alta y apuntada, subrayando una dignidad que descaecía en la mirada y en el rictus mortecino de la boca. Abriste de golpe los ojos, entrecerrados por el placer y el ensueño; pero la imagen persistió, difuminada y fúnebre, en tus retinas. Maquinalmente apartaste a Manuel del Cristo, que te miró con sorpresa y volvió a la carga sin otro requerimiento. Tuviste, pues, que abandonarte al éxtasis de la sensualidad, apretando con los muslos la cara del amante y tratando de alejar, con acezos de complacencia que simulaban ejercicios de respiración, el rostro, salido de la bruma del tiempo, que te observaba, con severidad y pesar, desde las lejanías de la muerte.

La extraña presencia seguía allí, como una obsesión materializada, como una terquedad inexplicable de tu conciencia. Incapaz de seguir entregándote al placer que te embriagaba el torso y las piernas, pero en vano intentaba arropar con sus oleadas la totalidad de tu fantasía, te olvidaste entonces de Manuel del Cristo y procuraste fijar con claridad la forma que emergía de ti con fuerza de premonición. La cabeza mitrada que parecía doblegar la tristeza, el oro de aquellos ojos burbujeados de recordatorios indescifrables, la mueca trágica tratando de advertir sobre alguna inminencia. ¿Cómo sabías que era el rostro del arzobispo virrey? Porque ese rostro te persiguió a lo largo de la infancia desdichada, desde la muerte de tu madre y a través de los años que transcurrieron entre humillaciones y torturas, antes de ser puesta bajo la tutela del partido. Porque su historia fue lo último que escuchaste de boca de tu madre, cuando los procesos exudativos y los esputos de sangre robaban las postreras energías a su cuerpo estrujado por la esclavitud y la inanición.

Era un relato de enigma, de horror y de escarmiento. Cualquiera, con parva noción de la historia nacional, lo conocía. Circulaba en labios de viejas y de cuenteros, y lo recogió en su rosario de apólogos un fraile dominico que, según las malas lenguas, fue el verdadero abuelo de Jacinto Zumárregui. Todo ocurrió en este palacio y acaso en esta misma habitación donde te encontrabas. Pero los hechos tomaron comienzo mucho antes, cuando monseñor Santiago Domínguez de Priego y Pastoriza, que había sido electo obispo siete años atrás por el capítulo catedralicio de Chiapas y consagrado poco después en algún punto del Caribe, llegó a la ciudad convertido en arzobispo primado, por nombramiento que hizo el rey de España y confirmó el Sumo Pontífice. Por aquellos tiempos, un viento de insurrección sacudía al país. La duplicación de los tributos y el nuevo régimen del estanco habían terminado por sublevar a los espíritus. Al visitador del Rey no parecían saciarlo las fabulosas utilidades derivadas por la corona y quería elevar los precios del tabaco elaborado y del botijón de aguardiente así como los de los impuestos y alcabalas.

A la sazón, la poderosa burguesía criolla, descendiente de conquistadores y encomenderos pero nacida aquende el océano, hacía sentir sus discrepancias con el gobierno de la metrópoli por no permitirle acceder a los cargos públicos, con lo cual dejaba en sus manos el poder económico, pero le vedaba el ejercicio del poder político, que es su complemento más jugoso. Las medidas sobre tributación anunciadas por el visitador le ofertaron, pues, en fuente de plata, un pretexto para refunfuñar y si era el caso, alzarse en armas contra el sistema colonial de administración. Se hicieron preparativos y se allegaron pertrechos. El disentimiento se proclamó, no en tono de queja, sino de ira. Los burgueses más influyentes, que eran también los menos exaltados, escribieron a Madrid e interpusieron sus buenos oficios ante el virrey. Pero ignoraban la testarudez del visitador, quien, en vez de ablandarse, agravó la situación promulgando, so capa de combatir el creciente contrabando de tabaco, una limitación severa de las áreas donde era permitido cultivar la tierra y creando una organización de resguardos armados, encargados de hacer cumplir el mandato, la cual resultó formada por la peor calaña de rufianes, saqueadores y asaltantes de honras.

Las depredaciones terminaron por sacar de casillas, no ya a la burguesía, sino a la levadura del populacho. En varias poblaciones del país, la gleba se alzó en armas, invadió los cabildos, hizó trizas los edictos y exigió a los burgueses más adinerados ponerse al frente de la insurrección y marchar sobre la capital para tomarse el gobierno. La petición no era como para rehusarla: el pueblo no recababa sino que imponía. Fue así como, de la noche a la mañana, una gigantesca columna de campesinos, indios mitayos y esclavos negros librados de sus cepos, inició una marcha de victoria hacia la lejana ciudad de los virreyes, encabezada por cinco o seis terratenientes criollos, que no veían en qué momento se habían metido en semejante hoyada. A medida que se aproximaba a la capital, desguarnecida en aquel momento por la urgencia de defender los baluartes del litoral de asaltos de corsarios, la falange popular crecía con millares de adictos que iban sumándose. El visitador y el propio virrey, que habían pedido refuerzos a la costa, no vieron otro camino que huir en champán por uno de los ríos arteriales, al enterarse de que los insurrectos acababan de jurar lealtad a Túpac Amaru, el cacique de Tungasuca que tenía en jaque por aquellos días al virreinato del Perú.

Mientras un destacamento partía para tratar de cerrar el paso a los fugitivos, el grueso de la falange acampó en un poblado cercano a la capital. Una jornada más y el palacio de los virreyes caería en manos de los insurrectos, cuya embestida podría reducir a polvo, para siempre, al carcomido esqueleto del poder colonial. Entonces, los propios terratenientes que actuaban como comandantes del alzamiento, temerosos de las ventajas que el populacho pudiera sacar, y de los saqueos que pudieran perpetrar en detrimento del poder económico de los hijos de antiguos encomenderos, propusieron, a las autoridades que aún permanecían en la capital, una tregua de varios días, a fin de entrar en conversaciones y ver si podía pactarse un armisticio permanente que dejase satisfechas a ambas partes.

Los capitalinos no se hicieron de rogar. Incluso los burgueses criollos que, al principio, cuando todavía sus huestes estaban lejos, apoyaron al movimiento del pueblo, se sintieron libres ahora del temor inconfeso de que sus casas fueran saqueadas y sus negocios destruídos; de forma que acuciaron a las autoridades españolas a no dar largas al envío de una comisión de negociadores. Fue uno de ellos precisamente quien postuló, para encabezar dicha comisión, a la persona del arzobispo Santiago Domínguez de Priego y Pastoriza, cuya voz de prelado tendría que ser acatada, porque traducía la voluntad del Señor, aún por los revoltosos más arriscados y pendencieros. Así llegó el futuro arzobispo virrey al marco de los acontecimientos.

Al penetrar, con su escolta de húsares y lanceros, por entre las cortinas y semigolas de los polígonos imaginarios del poblacho erigido en plaza fuerte, los negociadores repararon por sí mismos en la hostilidad que despertaban. Indios y negros astrosos escupían la tierra a su paso o, echando atrás los sombreros de petate, gritaban denuestos y amenazas. También los cabecillas parecieron, en un comienzo, renuentes a emprender de lleno las conversaciones, recelosos acaso de las ventajas que les pudieran ser escamoteadas a los criollos en el momento de birlárselo todo al pueblo. Pero entró en acción monseñor Santiago Domínguez de Priego y Pastoriza, deseoso de terminar cuanto antes con el asunto, y los hechos tomaron otro rumbo. Empezó por sembrar la discordia entre los propios caudillos regionales, haciéndoles creer que esta o aquella concesión, otorgada caprichosamente por la Real Audiencia, daría lugar a primacías de una provincia sobre otra. Luego coaccionó a los adalides principales, notificándoles que, de no acometer de inmediato las negociaciones, haría conocer de la plebe las donaciones hechas por varios de ellos a la Audiencia, con el designio de apresurar la represión de esta marcha armada cuyas falanges, engañadas por su doble juego, aún los aclamaban.

Los terratenientes extendieron la vista por el valle y alcores circunvecinos, donde tiendas de campaña y banderas al viento daban fe de los millares de presencias dispuestas a defender cada palmo ganado en la lucha, y decidieron sentarse por fin a la mesa de las negociaciones. Pero se imponía dar representación, para evitar suspicacias, a los pequeños caciques. Fue así como cinco o seis aldeanos, greñudos y cerriles, vinieron a instalarse en casa del corregidor, una endeble construcción de mampostería sacudida por las brisas de marzo, para departir a manteles con eclesiásticos, gobernantes y terratenientes. Razón de más para que estos últimos, que comprendían ahora cuán mal podían pasarla si el pueblo llegaba a intuir su traición, incluyeran en el acta de las capitulaciones, concluída después de tres días de trabajo agotador, no sólo aquello que convenía a la burguesía criolla, sino cuanto la plebe exigía como reivindicación de su estado, esto es, abolición de alcabalas e impuestos arbitrarios, supresión de mitas y repartimientos, mantenimiento de los mandos militares de la insurrección, retorno al anterior régimen de estancos y cultivos de tabaco, traspaso de las tierras de los resguardos a los indios, derogación paulatina de la esclavitud y –por supuesto, ya que en ello radicaba el meollo de todo– acceso de los criollos a las posiciones administrativas y, en algunos casos, con preferencia sobre los españoles.

Los togados oidores de la capital casi olvidaron, de la cólera que sintieron al recibir la extensa acta de capitulaciones, la presencia de millares de hombres armados en las inmediaciones de la ciudad. Acometidos de hidrofobia, rechazaron el documento, aduciendo perplejidad por lo igualados que se sentían estos criollos manchados por la tierra. Y aquí debió entrar en juego, una vez más, la licorosa sabiduría de monseñor Santiago Domínguez de Priego y Pastoriza. El cual, no bien estuvo al corriente del disparate que estaba a punto de cometer la Audiencia, y sabedor de que ciertos caciques de montonera se hallaban ansiosos de entrar a saco en la desguarnecida ciudad, hincó en tierra las rodillas e inició de esta forma el camino hacia la capital, a la cual prometió llegar de hinojos, así le costara la vida, si los oidores no accedían a darle carta blanca para negociar los reclamos de los oprimidos.

Como era de esperarse, la Real Audiencia aceptó. Los oidores comprendieron, sin duda, que, en el fondo, el arzobispo era un zorro y sabría defender, a rejo y astucia, los privilegios de su casta. En manos suyas se colocó, pues, el interés de la corona y todos se hicieron el compromiso solemne de respetar cuanto él negociara o acordara. El pandero quedaba en poder de un virtuoso y aquí las cosas no prometían ser por el huevo, sino por el fuero.

Aquella noche, gritos de amenaza circundaron el dormitorio del prelado. Los desarrapados comenzaban a sospecharse que algo hedía en las intenciones del pastor de almas. Cuando monseñor entreabrió los postigos, una india le mostró el trasero. Vio también a un negro que señalaba con el dedo su falo erecto y hacía promesas descabaladas. Entonces fue a la cocina y se preparó una infusión de toronjil, que bebió como si lo hiciera de su propia paciencia. Al amanecer, la comisión negociadora se reunió en casa del corregidor. Estaban todos taciturnos y sombríos, pensando qué recortes propondría el arzobispo, para hallar un punto de transación entre las exigencias increíbles de los insurrectos y la inflexibilidad de los oidores. Cuál no sería la sorpresa cuando monseñor, que entró vestido con todos sus ornamentos, anunció sin preámbulos que acogía, una por una, la totalidad de las cláusulas del acta, sin mutilaciones de ninguna especie, y que, en prueba de ello, las mismas serían firmadas sin tardanza por él y por los demás emisarios de la Real Audiencia.

La noticia reventó como vapor compreso. Indios y negros se pusieron a bailar en las calles, al son de músicas de sus tatarabuelos. Una cacica tribal, vieja de más de un siglo, murió de alegría al instante de conocer la nueva. Pero los cinco o seis comisionados del pueblo que aún permanecían en casa del corregidor y presenciaban la firma de las capitulaciones, no parecían tan convencidos. Uno de ellos pidió la venia del arzobispo y, con un balbuceo, recabó que el cumplimiento de las cláusulas fuese jurado, por los emisarios del gobierno, en misa solemne que oficiaría el propio monseñor. Aquí el señor de Priego y Pastoriza tragó saliva, pero dio su consentimiento.

La misa se celebró en la iglesia de la aldea. El Santísimo Sacramento se expuso a la adoración de los fieles y el arzobispo, con un misal abierto sobre una mesa, instó a los comisionados a doblarse de rodillas y, con las manos sobre el libro litúrgico, les preguntó si juraban por Dios Nuestro Señor, por su Cruz y por los Santos Cuatro Evangelios, en nombre del rey, guardar las capitulaciones acordadas y no oponerse a ellas en jamás de los jamases. Los comisionados juraron. Monseñor impetró para ellos el premio si cumplían, y el castigo eterno si eran perjuros. Como corolario a la impresionante ceremonia, los terratenientes –que habían sacado su tajada, pero a cambio de perder su ascendiente sobre los siervos de la gleba–ordenaron la desbandada y el retorno de todos a su lugar de origen. Había concluído un capítulo de la historia. La falange se disolvió en grupos haraposos que fueron perdiéndose por bosques, cañadas y lomas, diluídos cada vez más en la lejanía sus cantos de fiebre y amor. En el pueblo quedó tan sólo, con sus antiguos habitantes, una espesa basura de días que los barrenderos tardaron años en eliminar. Quedó también una niña india, de ojos purísimos, abandonada por su madre en el remolino de la desbandada, a quien monseñor Santiago Domínguez de Priego y Pastoriza llevó consigo al Palacio Arzobispal, para que le sirviera en los oficios de la casa.

En este punto, el acre olor de la historia empezaba a confundirse con el aroma especioso de la leyenda. Se sabe a ciencia cierta que, no bien regresó a la capital, el arzobispo procedió a reunirse, por cinco horas consecutivas, con los oidores. Nada se pudo averiguar sobre aquella conversación. Luego monseñor se trasladó a su palacio, entregó a la niña al cuidado de la servidumbre y se retiró a sus habitaciones, de donde no salió sino al cabo de dos días, precisamente en momentos en que hacían entrada a la ciudad los refuerzos pedidos a la costa. El desfile triunfal perturbó el almuerzo de los comerciantes criollos, a quienes por esos días se había visto con la cabeza muy en alto. Quince de ellos fueron arrestados esa misma noche y conducidos a la prevención. Sus cabezas destroncadas amanecieron, expuestas en sendas picotas, en la Plaza Mayor. Algunas mujeres, temerosas de lo que pudiera ocurrir a sus maridos, se congregaron frente a la Real Audiencia para recordar las donaciones por ellos hechas, no obstante ser criollos, con destino a la represión de los insurrectos. El propio arzobispo se mezcló con ellas y les pidió confianza y tranquilidad. Las mujeres suspiraron de alivio, pero al volver a casa lo trocaron en espanto al enterarse de que sus esposos habían sido también arrestados. Las beatas que madrugaban a misa vieron la plaza, al otro día, sembrada otra vez de cabezas, como rojas flores de escarnio.

Entretanto, destacamentos armados partían de la ciudad en todas direcciones. La capital había vuelto a ser una plaza fuerte y dejado de temer asedios de campesinos. Durante meses, las tropas recorrieron selvas y campiñas, llanos y cordilleras, hasta dar con los más ocultos cabecillas de la insurrección, criollos o hijos de la gleba, la mayoría de los cuales, creyendo cumplida su misión sobre el mundo, se hallaban entregados a las delicias del amor. A todos los trajeron a presencia de los oidores y del arzobispo, para que irremisiblemente muriesen decapitados. La Plaza Mayor, el día de la ejecución, parecía, vista de lejos, un plantío de camelias purpurinas. Sólo uno de los caudillos del pueblo, un minero indio de la cordillera, logró escabullirse durante más de seis meses, antes de ser capturado en un granero y traído a la ciudad dentro de una gran jaula de micos. Cuando lo conducían a la plaza, para ser ajusticiado, una niña india salió de repente del Palacio Arzobispal, lo observó con sus ojos purísimos y, con la dulzura que en otros siglos distinguió a su raza, pronunció una única palabra:

–Taita.

La servidumbre del palacio la retiró y el hombre marchó a su destino. Durante varias semanas, la capital fue azotada por rumores contradictorios. Se decía que el virrey, al corriente de las depredaciones ordenadas por el arzobispo, venía en camino de la ciudad, para volver por los fueros de la justicia. Otros aseguraban que, por el contrario, el representante del rey volvería a la cabeza de nuevos destacamentos, para hacer extensiva aún a mujeres y niños la vindicta de la metrópoli. A la postre se supo la verdad. Avergonzado de su propia cobardía, el virrey se había hecho a la mar al favor de la noche, para unirse por siempre, en cercanías de la isla Española, a los filibusteros de la Tortuga. Seis meses más tarde, un correo llegó reventando postas al Palacio Arzobispal. Traía el nombramiento, que entregó con mano temblorosa. A partir de ese día, monseñor Santiago Domínguez de Priego y Pastoriza adunó, a las potestades de su silla episcopal, la flama del poder político. Se había convertido en el arzobispo virrey. Era el premio por sus buenos servicios a la corona.

De su gobierno, los historiadores, inclinados siempre a documentarse en actas oficiales, con prescindencia de fuentes menos serviles o acomodaticias, aportaron después informaciones fragmentarias, que sólo mostraban facetas de la verdad. Dijeron que impulsó la industria de los metales, fomentó la colonización de la costa occidental, restableció la navegación en ciertos ríos y financió una expedición botánica. Nadie aludió jamás a su sinnúmero de desafueros, sus violaciones de doncellas, sus tumultuosas orgías y su costumbre de profanar sepulcros. Pero la tradición oral, de mayores sencillez y rigor en estos puntos, hizo subsistir a lo largo de los años la historia, pincelada con tintes de leyenda, de su tragedia final, que un fraile dominico recogió a guisa de apólogo moral en un opúsculo dedicado a quien más tarde sería la abuela del dictador Jacinto Zumárregui.

Desde el día en que vio pasar, camino del patíbulo, a un hombre al cual espontáneamente llamó «taita», la niña india recogida por el arzobispo virrey se encerró en un silencio del que no salía sino cuando le era estrictamente necesario. Sus ojos parecían siempre cargados de rencor, a despecho de su dura pureza de azabache. Deambulaba por el palacio virreinal, a cualquier hora del día o de la noche, sin que nadie supiera con precisión a qué dedicaba ese largo e imperturbable ocio en que cayó su vida y del cual no conseguían librarla ni siquiera las esporádicas exhortaciones de monseñor, que insistía en incorporarla a la servidumbre, pero cuyas ocupaciones no le dejaban tiempo para tomar, al respecto, una decisión. La llamaban Algalia, aunque nadie supo jamás su verdadero nombre. Era espigada y prometía convertirse en una real hembra, pero sus andares tenían el desparpajo y la indiferencia de los de un animal doméstico que apareciera de súbito en cualquier parte y motivara, en quienes la veían surgir de algún recodo, el sobresalto que suscita un espectro.

Comía llena de un rencor sordo, en la inmensa cocina palaciega, y era el único momento del día en que aceptaba permanecer más de un cuarto de hora en un mismo sitio. Monseñor solía pasar por allí para comprobar el orden de las cosas y dirigir a los criados algunas palabras útiles a la salvación de sus almas. Miraba a la niña, que masticaba los alimentos en enemistoso silencio; y meneaba la cabeza, como dando a significar su desolación. Pero no adoptaba providencia alguna para sacar a este espíritu de la insensibilidad en que se había precipitado. Un día, cuando hablaba a los criados acerca del purgatorio, lugar de castigo pasajero donde nos purificamos para ascender a la gloria, lo sorprendió la voz lánguida de la muchacha, que lo refutaba en el tono de quien machaca una cantinela:

—Diga lo que quiera, pero ha de saber que el humano, al morir, renace en el vientre de una serpiente. Ella lo transporta al mundo de la eternidad.

Y, fijando en el prelado sus ojos puros y rencorosos:

—Ese renacimiento no le es posible cuando tiene pendiente alguna venganza.

—¿Y qué hace en ese caso? —preguntó el arzobispo, con mezcla de inquietud y regocijo.

—Errar —respondió la niña.

A monseñor le rondó la cabeza, por varios días, la conseja. No estaba muy convencido de sus dogmas cristianos y lo asustaba pensar en el sinnúmero de sus descabezados, que se andarían vagando por quién sabe qué contornos invisibles, en espera de algo oscuro y espantable que coronaría su venganza. Ello no obstó, sin embargo, para que persistiera en su manía depredadora; para que dejase de violar tabúes de familia y de desposeer a viudas y a huérfanos. El país lo odiaba como a un déspota. Pero él se complacía en considerarse bienamado de sus súbditos, a quienes obligaba, todos los domingos, a llevarle ofrendas de flores y alzarle coros de alabanzas frente al palacio. De noche, los mismos que le entonaban cánticos, debían permanecer en vela para ahuyentar a los sapos y ranas que, desde charcas y riachuelos, alteraban el sueño del apóstol.

Pasó el tiempo, y Algalia terminó de transformarse en una bella adolescente. Como no tenía quién le comprara ropa, porque monseñor era incapaz de reparar en tales bagatelas, deambulaba ahora por el sombrío caserón virreinal llevando los andrajos de sus vestidos de niñez, lo cual equivale a decir que iba casi desnuda, dejando suculentas carnaciones a la vista de quien quisiera detenerse a mirarla. Jamás salía a las terrazas floridas, ni asomaba a los balcones embalaustrados, ni se paseaba por el patio principal ni por el de los grifos, de suerte que su piel fue adquiriendo una palidez transparente, que parecía iba a acabar por revelar la intimidad de sus arterias y de sus huesos. Daba, de resto, una impresión muy saludable, o al menos, eso pensó el arzobispo virrey un día que la contempló mientras atravesaba una galería interior, entre la capilla del palacio y un olvidado camarín de bujerías, en el cual penetró sin que el prelado pudiese discernir muy bien cómo hizo para abrir la puerta.

Esa noche, monseñor tomó una decisión. Llamó a su ama de llaves, una anciana que olía a limpia podredumbre, y le ordenó bañar y vestir con ropas nuevas a Algalia, y traérsela luego a su alcoba, donde esperaba refocilarse con ella, pues para algo debía servir esta joven nativa. La vieja obedeció las instrucciones con senil minucia, pero en el momento en que desnudaba a la muchacha para frotarla con jabón de pino y sacarle la mugre de años, tuvo por segundos la impresión de estar desarmando a un maniquí de humo. El agua glisó con suavidad sobre las carnes cobrizas y, sin embargo, aún viendo la espuma burbujear voluptuosa en pechos, espaldas y muslos, el ama de llaves no pudo apartar de la cabeza la idea de que realizaba un trabajo puramente simbólico, de que en realidad no bañaba a nadie.

Algalia llegó, fragante y limpiamente vestida, a la alcoba del virrey. Monseñor experimentó un sobresalto al ver, por primera vez, lo bella que era. Secretamente se felicitó de su decisión y de la sabiduría que lo guió el día que resolvió traerla consigo. A un ademán suyo, la vieja cerró la puerta y los dejó solos. La muchacha observó, sin pronunciar palabra pero también sin atenuar el rencor que le cargaba los ojos, al anciano que, con finura absolutamente episcopal, fue besando cada opulencia que iba quedando al desnudo, mientras con movimientos temblorosos desabrochaba el sencillo atuendo proporcionado por el ama de llaves. Tampoco ofreció resistencia cuando el arzobispo virrey la presionó con suavidad, instándola a tenderse en el lecho de baldaquino, tallado por carpinteros criollos en cedro de la región, donde tantos otros virreyes habían entretejido ya sus delirios eróticos. Luego vio a monseñor desnudarse con obsceno decoro clerical y dar comienzo, no sin cierto mohín de orgullo, al despliegue de su sapiencia amorosa. El preludio prometía prolongarse, dada la conspicuidad del arte que parecía garantizar el gentilhombre; pero Santiago Domínguez de Priego y Pastoriza no pudo reprimir, en determinado momento, el ansia de gozarla de una vez en franca profundidad, y se lanzó sobre la muchacha, jadeando y socavándola, en éxtasis casi místico.

El fraile dominico que narró, mucho después, la ocurrencia, se atrevería a decir que nunca el arzobispo virrey sintió vibrar sus nervios con esa majestad de cordajes antiguos ante el contacto de una hembra. La verdad es que no logró contener por mucho tiempo la satisfacción final de su deliquio. Y también que, en el instante de desbordar en ella sus secreciones seniles, mientras el placer relampagueaba pugnando por anular cualquier otra sensación, advirtió con alarma y horror que vertía la esencia de su masculinidad sobre el cuerpo de una mujer sin cabeza, la rebanadura de cuyo cuello se abría ante su vista con el sangriento esplendor de un clavel.

Monseñor huyó, alado por el terror. Sus alaridos retumbaron por el palacio que dormía a esa hora, hundido en silencios de cripta. Acudió gente, pero en el lecho con dosel no hallaron otra cosa que las secreciones expulsadas momentos antes, sobre un colchón vacío, por el pastor de almas. Investigaciones posteriores permitieron hallar, en el cuarto de bujerías próximo a la capilla, el cuerpo sin vida de Algalia. Pero el cadáver no era el de la adolescente que tantas veces recorrió, en semidesnudez, los salones suntuosos y las galerías interminables, sino el de una niña, como ella debió serlo por el tiempo de las decapitaciones. Un estupor teológico sucedió al hallazgo. Nadie, sin embargo, ni aún los doctores de la Santa Madre Iglesia, supo explicar una palabra del asunto.

No volvió a tener paz, a partir de aquella noche, el arzobispo virrey. Murió entre visiones de descabezados y jaurías de remordimientos en este mismo lecho con dosel desde el cual Manuel del Cristo, apoyándose apenas en el borde, trataba en vano de arrancarte el espasmo que el rostro agónico del prelado te arrebataba a todo trance, mirándote desde sus lejanías de abismo y desde los terrores de tu infancia, con el rostro demacrado que procuraba enviarte un mensaje en cifras del más allá, un alerta que acaso amortiguara los remordimientos todavía pululantes en su infierno de mujeres evaporadas y hombres sin cabeza.

De pronto, lo comprendiste todo. No era sólo el arzobispo virrey sino también tu madre difunta la que te avisaba desde el trasmundo. Tus supersticiones de niñez despertaron como en una repentina primavera de intuiciones. Rechazaste otra vez a Manuel del Cristo y te abalanzaste, lúcida y ciega, hacia la puerta que separaba la antecámara del pasillo. El rumor de sus voces te llegó con claridad. Debían ser más de diez y sabría el diablo cómo habían forzado la entrada al palacio. Las pisadas de sus botas repercutían a poca distancia y, aguzando la sensibilidad que la visión del arzobispo había superpuesto en ti de repente a tus inferencias materialistas del universo, pudiste distinguir el ruido metálico de sus armas automáticas al tantear los muros o al entrechocarse con el herraje de las cartucheras. Calibraste las circunstancias sin utilizar para nada la razón, valiéndote sólo de esa fuerza de vislumbre que te avasallaba. Ahora las voces de mando se oían claramente y, entre ellas, una que no podías confundir. No; no podía tratarse de un pelotón de milicianos. Aquella era la voz de Salustio Guzmán Apráez y sólo una cosa podía traer a ese hijo de perra al palacio a estas horas.

Manuel del Cristo no acababa de comprender tu comportamiento. De pie ante la cama, desnudo, el héroe daba la impresión de un niño al que acaban de reprender y frustrar. Te miraba sin salir de su asombro, ajeno al enjambre de sonidos que se escorzaba en tu oído y a la necesidad de acción que apremiaba en tus ojos, pero no había logrado resolverse en tu fantasía. Sólo cuando intentó avanzar hacia ti, en procura de una explicación, comprendiste que no quedaba tiempo para planear nada. Había que sacarlo cuanto antes de la alcoba.

¿Qué trampas, qué puertas falsas no habrían ideado los virreyes, en otros tiempos, para encarar situaciones como la presente? Misterio. Sólo la puerta de acceso era conocida de ustedes, no obstante el ahínco puesto meses atrás por el comandante Canelas en encontrar salidas y pasadizos secretos por diferentes rincones del edificio. La desesperación empezó a poseerte. Era inútil tratar de explicar nada a Manuel del Cristo. Las palabras tomarían demasiado tiempo y el tropel de los invasores te era ya discernible en el laberinto de pasillos inmediatos. Lo asiste con toda tu fuerza del brazo y lo arrastraste hasta la ventana, cuyos listones de plástico habías abierto poco antes. El caudillo balbuceó un *¿qué pasa?*, pero su instinto acababa de ponerlo sobre aviso. Descorriste de un tirón la persiana. Abriste de par en par los postigos. La ciudad colonial seguía sumida en el marasmo nocturno. Por encima de los techos de barro cocido, infinidad de pequeños rumores orquestaban la gama del silencio que dormía sobre el mundo. Manuel del Cristo saltó desnudo a la cornisa. Alcanzaste a verlo hacer peripecias, un poco más allá, sobre arquitrabes y modillones, antes de abalanzarte otra vez hacia la antecámara y palpar, en la oscuridad, dentro del sumario arsenal que por precaución guardaban en una caja de madera. Tu mano hurgó hasta encontrar lo que deseabas. Sabías muy bien que revólveres ni metralletas servirían en esta ocasión.

Apretaste nerviosamente la granada de mano, dispuesta a hacer saltar la clavija atarugada si fuera preciso, y saliste completamente desnuda al pasillo. Casi de manos a boca los encontraste. Venían enmascarados y bien provistos de carabinas semiautomáticas, pero experimentaron, al verte, un sobresalto en retroceso. La visión de una mujer desnuda tuvo efecto apenas instantáneo, pero suficiente para que te oyeran gritar:

–¡Guzmán Apráez, hijo de perra, quédate donde estás o le quito el tarugo a este aparato y volamos en pedacitos!

La sorpresa los heló. Duraron paralizados el tiempo indispensable para que añadieras, siempre a grito herido, tratando de ser oída por la guardia miliciana:

–Tú sabes que no me ando con quisquillas. O te vuelves por donde viniste o de aquí nadie sale vivo. No entres en mi fuego, hijo de perra, o vas a ver lo que cuezo.

Volviste a reconocer la voz de Salustio, cuando dijo, detrás de la máscara:

–Quietos. Tiene una granada de mano.

Y luego, con la voz rota, como quien ha sopesado todas las posibilidades de la situación:

—Arrojen las armas.

Fulminados todavía por la sorpresa, los enmascarados obedecieron. Allí estabas tú, Angela Droz, con las puntas desafiantes de tus senos y tu sexo que irradiaba poder.

El resto del trabajo lo hicieron los milicianos, que acudieron a tus gritos.

Te levantaste del asiento, dispuesto a encararlos, a él, a ella, a los malhechores.

Tus ojos saltaban con nerviosismo de Nacho, tu hijo, al hombre que parecía comandar al grupo, y se desviaban con rapidez escurridiza hacia la mujer metida en el raído fundón, que te observaba sin perder movimiento. Al incorporarte, oíste el sonido metálico de las armas al serles retirado el mecanismo de seguridad. Te frenaste en seco. Manuel del Cristo te horadó entonces con su mirada de acero azul y dijo, lleno de serenidad:

—No vaya a cometer ningún disparate. Mis compañeros sólo quieren un poco de comida y de calor. Sea razonable y así no tendrá nada qué lamentar.

Volvió a invadirte la oleada de sosiego. La voz del comandante tenía un poder de apaciguamiento capaz de neutralizar cualquier descabellado propósito. Retrocediste un poco y ahora tus ojos se abismaron de nuevo en los ojazos hondos y negros de la mujer, que te miraban con fijeza. Por instantes, creíste hallarte en trance hipnótico. Fue un momento casi de delicia, hundido todo tú en aquella mirada abisal, recorrido tu cuerpo por el aura de magnetismo que fluía de aquellos ojos, del óvalo de aquel rostro, de la gracia que dimanaba aquel personaje abatido y astroso. En ese instante aconteció la peripecia.

«Caupolicán», el sabueso de caza, que seguía gruñendo a tu lado, sin ocultar su incomodidad por la presencia de esta gente cuyo hedor no le era familiar, no pudo contenerse y saltó de pronto. Había permanecido todo ese tiempo vigilando ora a éste, ora a aquel, como si no pudiese discernir de cuál provendría la primera señal inquietante. Pero no pudo contenerse y saltó de pronto hacia la mujer. Todo ocurrió en fragmentos de segundo. El perrazo embistió, resuelto a no ceder la iniciativa. Angela desvió su fusil y le apuntó. El animal comprendió –como   perro de caza, conocía de sobra la propiedad de las armas de fuego– y se detuvo, sin dejar de gruñir y con las patas prontas para volver a saltar, a escasos dos metros de ella. Todos observaban ahora la escena y parecían desentenderse de ti. Sólo Manuel del Cristo mantenía sobre tu humanidad la vigilancia de sus ojos claros y fríos. Fueron segundos en que nadie dejó de comprender que, tarde o temprano, «Caupolicán» desafiaría al arma de fuego y caería redondo, fulminado por la bala. A ti se te llenó la cabeza de un montón de ideas en desorden. Llamar al perro, reconvenirlo mediante la única fórmula de articular su nombre, podría inducirlo a creer que se lo azuzaba y precipitar la catástrofe. No; «Caupolicán» debía quedar a merced de su buen sentido. Intuir que aquello que se proponía, podría resultarle fatal. No era fácil para el perro y el cariño que le habías cobrado te caldeó por instantes el corazón. Lo habías comprado hacía cinco años, era tu más habitual compañero y sabías perfectamente que no se volvería atrás. De hecho, iniciaba ya un cauteloso avance que, muy pronto, lo impulsaría a saltar de nuevo. En cuestión de momentos lo verías abalanzarse una vez más y hacer la última pirueta en el aire para caer desgonzado. A la una, a las dos...

–«Caupolicán», regresa. No debes hacer eso.

La voz sonó con un matiz de mansedumbre, pero también de frialdad. El perro echó atrás las orejas y metió el rabo entre las patas, meneándolo, para acudir junto a la persona que acababa de irrumpir en el umbral de la casa. Sabina avanzó entonces, pálida pero muy segura de sí, con los ojos puestos en Nacho, que aún permanecía en la grupa del matalón montado por Manuel del Cristo.

–El señor fue muy amable de traerte. Ya empezaba a preguntarme dónde te habrías metido. Ahora baja, que tus amigos van a aceptarnos una taza de caldo caliente.

Era atractiva todavía. Era todavía la Sabina de los primeros tiempos. La firmeza de su acento resistía a la palidez y al temblor. Los guerrilleros, que al verla aparecer la encañonaron con rapidez, interrogaron con el rostro a Manuel del Cristo.

–Mis saludos, señora. Gracias por anticipado –se limitó a decir el comandante, mientras desmontaba y ayudaba a hacer lo propio al niño. Sus movimientos denotaban torpeza, debido al brazo en cabestrillo. Luego, en tirante silencio, los dos se dirigieron con Sabina al interior de la casa. Tú quedaste medio alelado en tu sitio y fuiste el último en entrar, una vez lo hubieron hecho los forasteros, desmazalados y taciturnos, precedidos por «Caupolicán», que ahora se antojaba parangón de sumisos. Tu hogar, lleno de aquella gente, te pareció ajeno y envilecido.

El hogar de un hombre borroso.

Era, además, como si te hubieran dejado por puertas. Tu mujer no se había dignado mirarte y ni siquiera pidió tu consentimiento para hacerlos entrar. ¿Se trataba, tan sólo, de salvarles la vida a Nacho, a «Caupolicán»? Visto de esa manera, no podías negar que actuó con rapidez y eficacia. ¿Verdad que, en el fondo, lo que te incomodaba era precisamente aquella eficacia, aquella seguridad con que parecía haber capeado una situación ante la cual habrías llegado al colmo de la ineptitud? ¿No te resultaba, por eso mismo, aborrecible tu buena mujer? ¿O acaso, en primer término, por haber salvado también la vida tuya? «Caupolicán» se ocupaba ahora en oler minuciosamente a cada uno de los guerrilleros, en incorporar su olor a la riquísima gama de los que conocía, de los que le eran ya familiares y, por consiguiente, dignos de confianza. Algunos merecieron, a todas luces, su reprobación. Con otros, hizo migas desde el comienzo. A Angela Droz parecía temerle. La misma fascinación que sentías tú ante la fuerza de su carácter, concentrado en el par de endrinos ojazos, el perro la traducía en temor instintivo. Quedó prendado, en cambio, de Manuel del Cristo, a quien bastaron un par de caricias para asegurarse el entusiasmo del animal. El comandante se había sentado a la mesa rústica y bebía lentos sorbos de caldo de gallina, del caldo que tú y tu familia tenían reservado para la noche. La ira te ahogaba. Y aún más cuando Sabina, consciente de la brillantez de su comportamiento, intentó dirigirte una mirada de inteligencia, como para advertirte que guardaras discreción, que ella sabría manejarlo todo a las mil maravillas. Era demasiado. La hubieras armado allí mismo y te habrías hecho matar, te habrías sacrificado por algo que ni siquiera comprendías, a no ser porque Angela seguía abismándote en sus ojos, por cuya inmensidad cruzaban estrellas fugaces, como por un universo de negrura que buscase adrede tu mirada, tratando de absorberla.

—Ellos no fueron amables de traerme —dijo Nacho de repente—. Me obligaron a subir al caballo. Son guerrilleros y quieren robarnos las gallinas.

Creía hallarse ahora a buen seguro, el pobre. Los combatientes de montonera que tomaban su caldo de pie, sin arrimar a la mesa reservada a Angela y al comandante, prorrumpieron en una carcajada. Uno de ellos agarró al chico por el cuello de la camisa y dijo, siempre carcajeándose:

–Te equivocas, tesoro. No vamos a llevarnos las gallinas, sino los puercos. Ahora vas a ver.

Tres guerrilleros salieron a la granja y procedieron a tumbar e inmovilizar a un puerco. Te invadió un escalofrío. Ahora tendrías que actuar o dejar otra vez a Sabina la iniciativa. En el epicentro del alma te creció la desesperación. No, no ibas a dar la vida por un puerco. Pero tampoco se trataba del animal; era tu orgullo, que sufría humillación. El orgullo, que te ordenaba impedir este atropello. Ibas a salir, ibas a encararlos, pero los ojos de la mujer, como un par de lucernas obsesivas y heladas, seguían fijos en ti, ordenándote permanecer en tu sitio. Dos estrellas de hielo inmóvil. Sabina se advertía ahora desconcertada. Dirigía al comandante la mirada, mezcla de súplica y reconvención. Manuel del Cristo, a quien «Caupolicán» meneaba la cola y hacía carantoñas a todo momento, había seguido bebiendo su caldo en silencio; pero de pronto pareció volver en sí, se alzó del asiento con gesto repentinamente risueño; anduvo hasta el lugar donde el niño lo observaba con rencor, le acarició la maraña de pelo de la cabezota y dijo por último:

–No, amigo mío. Llevaremos el puerco, pero vamos a pagártelo.

Hurgó en el bolsillo y alargó a Sabina un billete de cincuenta pesos. La mujer lo guardó en el seno, con gesto agrio pero sin decir palabra. Tú conseguiste librarte en ese instante de los ojos de Angela y gritaste, con toda la angustia y la cólera que las ocurrencias anteriores no lograron arrancarte:

–¡Usted está loco! ¡Ese marrano vale más de quinientos pesos!

Manuel del Cristo te observó, divertido. Era evidente que te tomaba por cicatero.

–Tienes razón –dijo–. Pero, infortunadamente, nunca he sido un buen tratante de puercos. Necesitamos ese animal y pagamos lo que podemos. Tu hijo comprenderá esto, algún día, mejor que tú.

–Usted no es más que un forajido –terció Sabina en ese momento, levantando el rostro por el cual rodaban ya dos lágrimas silenciosas.

La larga humedad de la tierra lanzó un vaho de fertilidad. El viento recorrió el rústico interior de tu vivienda. Traía en sus élitros perfumes del algodonal. Los guerrilleros, reunidos ahora en el patio, descuartizaban el cerdo y, a los aromas de la granja, se mezcló una vaharada de sangre fresca y de vísceras. Manuel del Cristo volvió a sentarse a la mesa.

–Me gustan en Pascua los sermones –declaró, mientras continuaba con el caldo–, pero aquí están fuera de lugar. Tenemos que sanar una muela y la sanaremos, así sea con grasa de marrano. Con sermones no se sana esa muela, señora.

–Qué muela ni qué pan caliente –volviste a la carga, haciendo de tripas corazón–. Ustedes no son sino bebés malcriados, que ni siquiera saben lo que hacen. Niños bien de la ciudad que se divierten a expensas de nosotros.

–Somos jóvenes, sí –dijo Manuel del Cristo, abstrayendo la expresión–. Es un defecto del que nos iremos corrigiendo día a día. Aunque, bien visto...

Había fruncido el ceño, en gesto reflexivo. De pronto, se incorporó y fue hasta la puerta del patio.

–¡Ey, muchachos! –gritó–. Que no sea uno, sino dos, los puercos que llevemos. Cojan a aquel, que está mejor cebado.

Los guerrilleros obedecieron. El comandante se dio media vuelta y tornó a colocar en ti, que ahora enmudecías, y temblabas, y te reprochabas para tu capote haber dejado ir las palabras, el relámpago felino de sus ojos. Te miró largamente, con el brazo sano hundido en el bolsillo de la guerrera. Luego, con ayuda de los dedos pulgar y meñique, impulsó hasta el cuenco de la mano la sortija que le brillaba en el anular. El engaste de la montura de oro aprisionaba un diamante tallado, que descomponía en arco iris sus duros quilates. La colocó sobre la mesa y dijo:

–No tengo más plata efectiva, pero necesitamos el segundo marrano. Acépteme, señora, esta sortija que fue de mi madre.

Entrecruzaste con Sabina una mirada de codicia y desconfianza. Tu mujer quiso tomar la joya, pero se lo impediste con rápido ademán y avanzaste hacia la mesa. La ira acababa de abandonarte y querías examinarla el primero. Entonces Angela Droz, que permanecía sentada, arrambló con ella de un manotazo; la sumergió en uno de los bolsillos del fundón y gritó, llena de cólera:

–Dejémonos de niñerías. Agradezca, señor, que hace ya rato no le haya pegado un tiro. El que da todo lo que posee, no está obligado a más. Usted tiene una piara de cerdos y no le hemos pedido sino dos. También tiene gallinas y empleo en el algodonal. Algún día todo esto será suyo, si hace lo que debe. Ahora déjese de tonterías, que si lo vuelvo a ver mover los labios, lo mato.

En su ira, era bella como una diosa. Te estremeciste de pies a cabeza y la boca se te puso a temblar. Sabina, en cambio, no tomó para sí la amenaza y refunfuñó:

–Y son ustedes los que se dicen amigos del pueblo...

Angela desenfundó un revólver y lo depositó con estrépito sobre la mesa.

–El pueblo somos todos –aulló–. Unos más que ustedes y otros menos que nosotros. Un puerco más o menos no hará diferencia.

Y, dirigiéndose a Manuel del Cristo:

–Coge las cosas y vámonos.

El comandante obedeció, en una pausa de silencio durante la cual toda su energía pareció aplanada por el poderío de la guerrillera. Angela Droz se volvió todavía en el umbral.

–Y no se hagan ilusiones –advirtió–. Antes de venir cortamos los hilos del teléfono. De resto, el que salga de esta casa antes del amanecer, puede darse por muerto. Así que nada de triquiñuelas. *A sus otros hijos los dejaremos libres a eso del mediodía.*

Aguzó la última frase, como quien adelgaza la punta de una saeta.

Salieron. «Caupolicán» intentó seguirlos, pero a la guerrillera le bastó una mirada para disuadirlo. Al volverse, con el rabo entre las patas, el animal lanzó una especie de sollozo. El mismo que a ti te azogaba el pecho. No se trataba tan sólo de la humillación recibida delante de tu mujer. Tampoco de los puercos robados. Ni de tus hijos rehenes. Era algo más, muy tuyo; algo inasible, que parecía llevarse consigo Angela Droz. Oíste el galope de las cabalgaduras y sentiste un enervamiento. «Caupolicán» salió ahora a toda prisa y se echó a ladrar en pos de los jinetes. Se oyeron dos tiros de revólver. En algún lugar de tu corazón comprendiste que eran del arma que, apenas momentos antes, hizo sonar ella sobre la mesa. Ella, ella, ¿cuál ella? Una forajida, qué bella palabra...Una bandolera cuyo sexo se apretaba contra la silla de montar, como debía apretarse contra el hombre en el instante del ayuntamiento. Te sentiste anegado de un deseo impreciso. La fugaz visión de tu mujer, semiparalizada en mitad de la habitación, con la cara torcida en gesto de estupor y las mejillas llenas de manchas transparentes, prototipo de madre a quien acaban de notificar que sus hijos están en poder de desalmados, no alcanzó a conmoverte. Tu pensamiento iba al galope con los guerrilleros, con ella, la forajida, con su sexo hundido en la montura, sus ojazos de abismo en los cuales te sumergiste partícula a partícula, en los cuales bebiste un licor nuevo, de extraño sabor. Un licor oscuro, como los bebedizos de las nigromantes. Allá se perdía el ruido de los cascos. ¿Qué se iba, tuyo, con ellos? Ahora se internarían en los algodonales, a tiro de escopeta del ribazo, muy cerca ya de la tajea que daba curso, bajo el sendero, al arroyito. Con ellos, con ella, ¿qué se iba tuyo? Acamparían, ya de noche, junto a la corriente, rizada por las olas grises, bajo la luz oxidada de la luna. Cortarían madera verde del bosque. La pondrían sobre un hoyo abierto en la tierra y la carne de cerdo humearía, apetitosa, en la barbacoa. Qué gran jolgorio de harapientos. Y la grasa de puerco chorrearía por sus muslos, como lava de lujuria. Comerían y se bañarían desnudos, argentados por la noche, llenos de locura prehistórica. Y ella, la forajida, sería la única mujer entre aquel tropel de machos escuálidos, al cual se habría sumado ya el resto de la partida. Al cual se habrían sumado tus hijos, salvo este Nacho, este cabezón estúpido, que ahora observaba como lelo el dolor de su madre. Pero, no. Aún creías escuchar sus palabras. *Agradezca, señor, que hace ya rato no le haya pegado un tiro...* ¡Qué humillante delicia! Delicia todo lo que surgía de su cuerpo, delicia toda ella, cargada de magnetismo y poder, delicia el rencor en su voz, delicia sus manos prontas a apretar el gatillo. Delicia sus ojos, en cuya hondura bullía un universo de fatalidad y dolor. Una delicia peraltada por la sumisión con que el comandante se sujetó, en un instante determinado, a su querer despótico. El comandante, que apenas unos segundos atrás parecía dominarlos con un ademán. Y, entonces, ella se había manifestado como una fuerza oculta, como un poder arbitrario capaz de cancelar cualquier pleito con el solo juego mágico de su voz y de sus ojos.

Comprendiste, de pronto, que no te sería posible permanecer allí, bajo el asedio del dolor de Sabina y ante los ojuelos idiotas de Nacho. Anochecía y tendrías que resolverlo ahora o nunca. La libertad o las viejas cadenas. Buscar aquellos ojos en donde, al sumergirte, encontraste a tu propio albedrío, libre de hacerse esclavizar y torturar, libre de hallar la alegría aún en los peores precipicios de la abyección, antes que en la paz mortecina y estúpida de un hogar donde a nadie amabas ni nadie te amaba; tu albedrío, cuyas arboladuras desguazaría hasta el martirio, pero gozosamente, el vendaval en llamas del amor.

Anduviste con lentitud hacia el armario, lo abriste, sacaste la carabina, te la terciaste en bandolera. Tu mujer y tu hijo observaron con terror aquellos movimientos, sin atreverse a proferir palabra. Sin penetrar tus intenciones. Pensaban, de fijo, que el dolor te cegaba y habías resuelto rescatar, como diera lugar, a tus otros retoños. Sólo cuando avanzaste hacia la puerta, perdida la vista en ese nuevo universo que intuías más allá de la granja y del algodonal, Sabina ahogó un alarido y se abalanzó para detenerte. La rechazaste con un empujón, que la hizo irse de espaldas sobre la mesa. Ganaste el umbral. Detrás tuyo oíste la súplica ingenua:

–No vayas, Mauro. Van a matarte.

Atravesaste la granja, consciente de que, en cualquier momento, sonarían los disparos y rodarías por tierra. A unos treinta metros de la casa, cruzaste sin mirar junto al cadáver inocente de «Caupolicán». Más allá, la plantación, sacudida por un viento húmedo, se te antojó un largo pantano de recuerdos. Sin divisarlos, llegaste a la tajea. Tampoco estaban detrás del ribazo ni más allá de los primeros alcores. Te hicieron prisionero, cuando ya desesperabas de encontrarlos, en un bosque cercano a la casona de Guzmán Apráez. Fingiste entregarte a trueque de tus hijos. Pero dos moles frías de luz te auscultaron y comprendiste que habías perdido una batalla en la cual sólo tú participaste; una batalla que, sin embargo, se libró en el espacio impalpable por donde vibraron las ondas que enviaban, como ámbar frotado, los ojos de Angela Droz.

IV

De nuevo el monstruo. De nuevo el precipicio de baba y pegote, hacia el cual descendías por la grava de una pendiente que se te antojaba infinita, sin serlo, como no lo es tampoco la distancia que separa las cúspides del poder de los barrancos de la ignominia. Caías, rodabas por el declive, erizado de guijarros y pedruscos a los que una sustancia arcillosa apuntalaba con mayor firmeza al suelo, para mejor excoriar tu piel y abrir en ella vetas con ramificaciones de sangre, lívidas desolladuras y urticaciones de actinias fósiles. En torno, el desierto rezumaba aridez bajo las lumbradas de un sol sumido en agonías bermejas. Abajo, el monstruo. Monstruo mezcla de dragón y búfalo: anchura de sus fauces sulfurosas por donde surgía, en bocanadas, hedor de almizcle de diablo: que taponaba tus narices e iba a filtrarse, como toxina de tétanos, por las heridas de las cuales tu cuerpo parecía llamear, en tormentosa maceración. Caías, rodabas. Hubieras querido gritar. Pero tus gritos eran ahogados por la voz que relampagueaba en el firmamento y se confundía con los signos fugaces que, por instantes, anulaban el fulgor de las estrellas. Palabras que no podías identificar; que a veces recogías, no con los oídos, sino con las excoriaciones de la piel. Palabras terribles y crípticas: *Abyssus abyssum invocat. Percussimus foedus cum morte!*

Comprendiste de pronto que, a diferencia de aquellas otras ocasiones en las cuales el destino te colocó también en los repechos de este infierno, ese algo extraño y sin forma que siempre acudía a salvarte, definitivamente no vendría. Esta vez te condenaban, sin remedio, a ser triturado por la bocaza del monstruo. No habría redención. La pendiente era ahora más resbaladiza y los torrentes de grava cada vez más margosos y nutridos de esa roca sedimentaria o ferruginosa que hacía de tus manos dos llagas, incapaces de seguir sosteniendo tu humanidad. Te encontrabas en los dominios propiamente dichos del monstruo, el cual, seguro de no perder en esta oportunidad su presa, se revolvía como búfalo y acezaba como lobo hambriento, tratando de atraerte con las papilas de su lengua que, como inmensas úlceras o mamelones, se enervaban hasta la exasperación por tu proximidad. La voz, arriba, adquiría un tono más bronco: *Percussimus foedus...!* Y era evidente que el sol había terminado de ocultarse y una oscuridad preñada de signos envolvía la bóveda del cielo: signos como criptogramas o tablaturas sin coherencia. Curiosamente, te era posible abarcar de un golpe de vista el firmamento donde se entreveraba la magia de los números y al monstruo rampante que, en lo hondo del abismo, celebraba tu caída con rugidos de sus jugos estomacales. *Abyssus abyssum invocat. Noli esse justus multum...!* Caías sin redención, las falanges de tus dedos quedaban adheridas a la grava y tu masa rodaba ahora sin punto de apoyo, abandonada al destino que, otras veces, te transportó de repente a ese mundo sudoroso donde el monstruo era apenas una reminiscencia que iba haciéndose más débil a medida que las cosas cobraban aristas y profundidades. El bestión se agitó con trepidación de cataclismo. La voz se hizo ensordecedora: *Noli esse justus multum: neque plus sapias, quam necesse est, ne obstupescas!* Se oyó una risotada que todo lo envolvió. ¿El monstruo o la voz, que era ahora la voz del Leviatán de los salmos, del Behemot que sorbe ríos enteros y cuyos huesos son como pilares de bronce, el Leviatán o el Behemot del poder, ese don funesto de aniquilación del que Dios dio a probar a los hombres, la voz o el monstruo, o una sola cosa, la devastadora magnificencia del poder, *tu quicumque es, qui sceptra tenes...?* Rodaste por las fauces de la bestia y despertaste envuelto en llanto, sudor y gritos, asido con desesperación de los barrotes de la cabecera.

Tu mujer te frotó con alcohol las sienes. Habías estado a punto de despertar a toda la casa y todavía, no obstante la bombilla encendida y la pacífica realidad que te rodeaba, tu cuerpo acusaba estremecimientos de fiebre y seguías lanzando gemidos de tiempo en tiempo. Era demasiado, gran chambelán. No resistirías una incursión más por ese mundo de atrocidades y caprichos. El día vendría en que el monstruo te engulliría de veras, no, bien lo sabías, merced a su poder real, ya que era tan deleznable como una sombra, sino porque tu corazón acabaría por sucumbir a la opresión del pavor, estallaría bajo el torpedeo de aquellas imágenes de abominación. Tu cama olía a sábanas de agonizante. Una mano de hierro parecía atenacearte las sienes y el pecho se te comprimía bajo la aceleración de las contracciones cardíacas. No; otra experiencia así y no darías medio centavo por tu vida. En nada se asemejaba esta pesadilla a otras que experimentaste en épocas fenecidas de tu existencia. Fantasmas nebulosos, descomunales tarántulas, angustias inmotivadas, todo –por espanto que te causara– se acomodaba, en otros tiempos, a una calidad de ensueño de la que alcanzabas a tomar conciencia antes de despertar. Nunca con tantos visos de realidad como los de este monstruo que aborrecías, con este vértigo y esta parálisis que te impedían coronar tus esfuerzos, aferrarte a la grava resbaladiza y ganar la altura que debería redimirte. Era el diablo, sin duda, que llevabas adentro. El asco hacia ti mismo, hacia la larga obsecuencia que suponía tu carrera.

Te hallabas, bien lo sabía Dios, en su cumbre. Tres gobiernos, más o menos disímiles, te honraron confiándote el manejo de sus relaciones exteriores. Aquella misma tarde, el comandante Canelas te había llamado a su despacho para franquearse contigo en punto a sus preocupaciones inmediatas. Nada tenías que temer. El proceso a Angela Droz marchaba con lentitud, pero día a día surgían evidencias que dejaban en claro tu buena fe. Lejos de volverse contra la heroína, tus declaraciones contribuían a afianzar la hipótesis según la cual alguien –cuya identidad, por el momento, seguía siendo una incógnita– aprovechó la circunstancia del baile de fantasía para, valiéndose de una copia de su disfraz de geisha, perpetrar el crimen y arrojar sobre la guerrillera todas las sospechas. La propia Angela se inclinaba, ahora, a favorecerte con su indulgencia. Sin tu testimonio, jamás la posibilidad de la impostura –sugerida por el ujier Baena en las declaraciones previas a su muerte violenta– se hubiese abierto camino. Y, justamente ahora que empezaba a clarear en el horizonte de aquel proceso exasperante, el monstruo resurgía en tus delirios, la baba y el pegote, los signos estelares, las voces estridulantes del más allá, volvían a sentar sus reales en estas noches de pavor durante las cuales no te sería posible conciliar otra vez el sueño. ¿Por qué? ¿Intuía tu subconsciente alguna recóndita doblez en la marcha de los acontecimientos? ¿Te aguardaban, acaso, nuevas desgracias?

Dejaste encendida la lámpara de tu mesa de noche, bebiste un poco de agua de la jarra, acomodaste la almohada contra la cabecera y te recostaste en actitud de lector. Bien podías emplear estas horas que restaban, antes de que el día irrumpiese por la ventana, en concluir este tedioso, pero edificante libro de Alvin Toffler. Lo tenías a la mano, en el velador. Eso era. Lenguaje no menos sulfuroso y túrbido que el del Leviatán. Fomentar la adaptabilidad humana... Clasificar y reclasificar la información... Cambiar las categorías en caso necesario... Factor transitoriedad como causa de alienación... Adiestramiento de la sensibilidad... Dinámica de grupo...Sentido subyacente de soledad... En fin, cosas que es preciso conocer para encarar a la sociedad posindustrial. Informaciones que un diplomático de carrera no puede desdeñar. Las personas de diferentes edades dedican, típicamente, diferentes cantidades de atención al futuro... Distintos *horizontes de tiempo*... El peligro de las fantasías de evasión... Imágenes dinámicas, no sobrenaturales...Todo bastante convincente, bastante sincero, no tan tedioso como las disquisiciones iniciales respecto de la adhocracia como sustituto de la burocracia. Pero, en suma, tan aterrador, tan delicadamente espantoso. Regresaste el libro a su lugar de costumbre. ¡Al diablo con Alvin Toffler! ¡Al diablo con los analistas de la sociedad contemporánea! ¡Parranda de hipócritas! Nosotros, la gente del subdesarrollo, sin merecerles un atómo de atención. Buenos salvajes, hombres-banana. Y ¿qué tal un buen Dickens para matar el tedio? ¿O algún cronicón de Bustos Domecq? Pero habría que levantarse, ir a la biblioteca. Ah, quizás uno de esos somníferos que utilizaba tu mujer. No, definitivamente no. Te pondrías irritable al otro día. Irritable, cuando sería cuestión de entrar, Dios mediante, en el epílogo del proceso, cuyo veredicto absolutorio se veía venir. ¿No advertiste, más allá de toda duda, cierta discreción y amabilidad en el trato de Canelas?

—Por ahora—dijo—, podemos dejar las cosas como estaban antes de la visita de Fergus Atkinson. No se trata de interpretar, de esta o de aquella manera, el asesinato de Manuel del Cristo. Pero es evidente que Washington querrá sacar su tasajo, forzar un poco las concesiones en el supuesto de que el crimen demuestra irrespaldo del pueblo a la revolución. Así que será mejor mostrarles mano dura. Hacerles ver que son ellos, no nosotros, quienes deben aflojar. ¿Comprende usted?

–Sí–respondiste, aunque en el fondo tu comprensión abarcara facetas muy diferentes–. Pero, en cuanto a Atkinson, ¿tendré que insinuarle una retirada o bastará...?

–Eso lo dejo a su buen gobierno. –Canelas mostraba fría corrección, pero saltaba a la vista que prefería depositar en ti la parte más frágil de la responsabilidad–. En este caso, me transo por la estrategia diplomática. Si Atkinson se disgustara, podrían acusarnos de provocación. Prefiero dejarlos creer que el nuevo gobierno revisa los planes de Manuel del Cristo, los somete a exámenes más cuidadosos. Si a usted le parece, podríamos, incluso, ponerle cita para un futuro no demasiado próximo...

Era otra vez la ruptura. De esto no te cabía la menor duda. Pero estimabas la distinción que Canelas te hacía y estabas dispuesto a situar los hechos en el terreno menos melodramático que se pudiera.

–De acuerdo –conviniste–, pero esto plantea una segunda situación..., digámoslo así, una segunda emergencia. Me refiero a Serguei Bukovski. Iniciará una ofensiva, pondrá mayor énfasis en sus propuestas, querrá una definición casi inmediata...

El comandante se revolvió en el asiento. Estaban en el antiguo despacho de los virreyes, cuyo bellísimo artesonado de nervaduras dejaba colgar, del florón abierto en su centro, una araña de murano con candelabros adaptados a bombillas eléctricas. Había sido, también, el despacho de Manuel del Cristo y, diseminados por todas partes, podían verse objetos que le pertenecieron en vida:

cerámicas indias, tallas en boj realizadas por hombres de la guerrilla y una pequeña colección de armas. El balcón, en cuyos hierros se entrelazaban enredaderas de campanillas, había sido recientemente clausurado, en tanto que la entrada era vigilada ahora por cinco o seis milicianos.

–A Bukovski digámosle –se arrancó Canelas, tras prolongado silencio– que el primer ministro... que yo estoy dispuesto a aceptar la invitación que el Kremlin extendió a nuestro jefe de Estado para visitar a Moscú. No le hablemos de fechas. Dilate los trámites diplomáticos todo lo que pueda. Creo que sobra decir... Bueno, aún no he resuelto nada al respecto. Pero digámoselo así. Eso nos dará tiempo. Muéstrese interesado, ¿por qué no?, en los experimentos uzbekos acerca de la acción biológica de la radiación ionizante sobre el algodón. El hombre quiere que mojemos las semillas en una solución de radiofósforo y al algodonero con cobalto radiactivo. Yo no lo intentaría ni en broma. Pero déle coba por ese lado. Se alegrará y eso lo predispondrá a esperar.

No pudiste, gran chambelán, evitarlo. Pensaste en las diferencias que alejaban a Demetrio Canelas de Manuel del Cristo. El nuevo gobernante se movía con las reticencias y la astucia de un zorro. Con un hombre como él, podrías desplegar más a tu amaño tus cualidades de Metternich criollo. Te regocijó en el alma esta conversación, que expandía tu horizonte. Otra vez esa suerte de carta blanca –la razón misma de tu carrera– que tanto agradeciste a Zumárregui cuando el asunto de los cayos guaneros. El escenario era, por supuesto, otro. Zumárregui no despachaba aquí, salvo en los casos de presentación de credenciales o visitas de celebridades; lo hacía en la pequeña oficina del ala oriental, con su montón de cabezas reducidas y sus tratados de magia. Mostraba introversión y hosquedad, pero en el fondo era sólo un capataz bonachón.

El día aquel en que un comando intentó asesinarlo a ráfagas de metralla –cuando salvó la vida gracias al sacrificio del general Guzmán Pombo–, el dictador, sin inmutarse en apariencia, convocó al gabinete en este despacho de los virreyes y anunció su propósito de coronarse rey en uno o dos años. Ingenua determinación, sin duda, dictada más por la tristeza –se consideraba a sí mismo un ángel benefactor del pueblo– que por la soberbia. La sucesión reposaría en su hija Claribel, la iluminada, y quien casara con ella adquiriría el título de príncipe consorte. Algunos ministros tuvieron que esforzarse para no soltar la risa. Tú –que, en ese entonces, ya conspirabas en compañía de un puñado de funcionarios segundones–disentiste, con la venia del todopoderoso, alegando el desconcierto que la decisión sembraría en las entidades crediticias de Washington, cuya benevolencia hacia el régimen era notoria, pero tenía sus límites. ¿Cómo explicar semejante dislate (acaso no fuera ese el término que empleaste) al Departamento de Estado Norteamericano y a la propia organización de los estados continentales?

–La OEA –replicó Zumárregui, posando en ti, con suavidad, sus grises ojos de niño, mientras acariciaba un antiguo corselete de infantería, puesto de espaldas a la pared– ha prometido respetar la autodeterminación de los pueblos. No veo cómo, en nuestro caso, pueda faltar a su palabra.

No hubo forma de explicarle que aquel ademán de autócrata, mediante el cual pretendía ceñir las sienes con una corona real, para nada tenía que ver con la llamada autodeterminación de las naciones. En el fondo, el sátrapa era un niño grande, se creía enviado de la Divina Providencia, veía en su hija Claribel a una nueva encarnación de la Virgen Inmaculada y debía de tener la impresión, de que, cuando a él o a cualquiera de sus familiares les dolía una muela, era a toda la población del país a la que esa muela mortificaba, por contrarios a su gobierno que tantos de sus súbditos pudieran ser.

–Además –dijo–, el bien de la nación no puede andar supeditado a los criterios caprichosos de los organismos de crédito. Ellos deben limitarse a prestarnos dinero para llevar adelante nuestra obra de regeneración y poner ciento y raya a las pretensiones del liberalismo masón.

Ni más ni menos, liberales masones eran para él los guerrilleros que ya proliferaban, bajo el comando supremo de Manuel del Cristo, de sur a norte y de este a oeste. Cuando, unos meses más tarde, el adalid emitió desde la selva una proclama en la cual declaraba estar de acuerdo con los postulados universales del marxismo-leninismo, Zumárregui sufrió ataques prolongados de risa e hizo mofa, en presencia de sus ministros, de los burdos disfraces de que se valía la masonería liberal para ocultar sus intenciones. Ya, para esa época, había desistido de la idea de su coronación, pero tal parece que jamás abandonó la ilusión de, en su ancianidad, presidir la de su hija, la iluminada, como Primera Majestad Católica del Reino.

A pesar de aquellas inconsecuencias, más de una vez –cuando, más tarde, te correspondió sufrir la acusada propensión autárquica de Manuel del Cristo en materia de política internacional– añoraste los tiempos de Zumárregui, por la libertad de movimientos que el tirano acordaba a tus gestiones diplomáticas. Ahora, frente a la cauta pero, en lo que a ti atañía, amplia posición de Demetrio Canelas, eras como niño al cual acaban de devolverle el juguete. Tendrías, otra vez, oportunidad de lucimiento. Volverías a desplegar el juego artero de tu intelecto. Recobrarías tu papel de viejo zorro, de camarlengo sutil, de Talleyrand de tu patria.

Sólo un detalle te preocupaba: ¿obtendrías, finalmente, la absolución de Angela Droz? Era evidente que la heroína conservaría sus antiguas prelaciones durante el gobierno de Canelas. Ambos, a diferencia de Manuel del Cristo, que en los últimos meses aflojó hasta más allá del límite de la prudencia, pertenecían a la facción más intransigente del partido. Corriste la almohada y volviste a colocarte en posición de dormir. La luz de la lámpara de mesa se proyectaba sobre el cielo raso y gigantizaba tus movimientos, haciendo bailar arriba sombras equívocas que llegaban a sobresaltarte. Afuera, en la soledad de la noche, bullía un silencio de grillos y de hojas secas. Hora agorera, hora de mormos. Tu mujer se había dado vuelta y dormía sin alteraciones. ¿Obtendrías la absolución de Angela Droz? Te acometió, por instantes, en medio de los susurros que llegaban del patio y de las calles desoladas por el toque de queda, un irrazonable terror. ¿No eras, acaso, la ficha desvalida de un juego que no comprendías? ¿Que no comprendías –tal era la impresión que, fuera de todo discernimiento, te asaltaba–, a despecho de tu probada astucia, de la perspicacia mundana adquirida en la Pontificia Escuela Superior por los tiempos en que aún la regentaba uno de los más quisquillosos discípulos de Iñigo de Loyola? ¿Qué tramoya se escondía tras el asesinato de Manuel del Cristo? ¿Qué confabulación de hipocresías y reticencias?

No, no. No podía ser. Tu comportamiento no hubiese podido alcanzar mayor grado de sinceridad. Y, sin embargo, aquella mañana, cuando Juan Garibay te hizo tomar el juramento y oíste la fórmula de labios de tu viejo amigo Gedeón, te sentiste recorrido otra vez por el estremecimiento. Angela, siempre en su atuendo miliciano, te había envuelto en su atroz mirada, en la succión de esos ojos que habías llegado a aborrecer. Garibay, con su voz antipática de tenorino, te pidió, por enésima vez, relatar la forma como, la noche del baile de máscaras, hallaste el cadáver del caudillo. Debiste, pues, hacerlo, no obstante saber bien que, mientras más procurases penetrar el misterio de tu propia experiencia, de los sucesos que danzaron como símbolos ante tu vista aquella noche, mayor calidad fantasmal encontrarías en ellos y menor fuerza de persuasión cobraría tu relato. ¿Cuántas veces tendrías que repetirlo? Angela te había pedido bailar con ella el minueto de Exaudet, esa composición de gusto dudoso (Exaudet fue un violinista francés del siglo XVIII) que, por uno de esos caprichos sentimentales del Libertador, abrió, desde los albores de la República, los bailes de fantasía con los cuales se conmemoraba la fecha de la Independencia. La condujiste del brazo hasta el centro de la pista. Bailaron unos cuantos compases, rodeados por la muchedumbre de toreros, sultanes, faraones, arlequines, bayaderas, aldeanas, que se espesaba en el salón de recepciones. ¿O acaso no llegaron a bailar? De pronto, ella te susurró al oído:

–Excúseme dos segundos. Voy a ir al tocador de mujeres.

Un par de frases banales, que estuvieron a punto, sin embargo, de cifrar tu perdición. Manuel del Cristo había quedado en la terraza oeste, fumando un cigarrillo que tú mismo le ofreciste. Viste a Angela atravesar el salón y dirigirse al tocador. Se antojaba tocada de magia en su disfraz de geisha, del cual parecía haber desaparecido la mancha violeta que, tanto tú como Manuel del Cristo, advirtieran minutos antes, cuando la heroína volvió con el *Beaujolais*. Pasaron algunos minutos, durante los cuales te entretuviste observando los giros y venias irrisorias con que estos funcionarios advenedizos, estas mujeres venidas a más por causa de la revolución, acometían el baile del minueto. Una de ellas, bien lo recordabas, parecía ignorar que el compás ternario ha de seguirse con pasos menudos –incluso, pensabas, por razones de pura etimología–y daba la impresión de andar haciendo el quite a un miura. Te divertías, viendo a Demetrio Canelas hacer obscenas reverencias que intentaban reproducir zalemas cortesanas, cuando un ujier se abrió paso hacia ti y te habló con suavidad:

–La señorita Droz –informó Escilárido Baena– le pide regresar junto al comandante. Ambos están todavía en la terraza.

No dejó de antojársete rara la solicitud–¿no quería Angela, a toda costa, bailar el minueto?–, pero imaginaste que se debía a alguna idea repentina de Manuel del Cristo. Te dirigiste, pues, una vez más, hacia la puerta que separaba el salón de la terraza y entonces viste a Angela, inconfundible por el disfraz y la gran máscara japonesa, venir en tu dirección. Manuel del Cristo no se divisaba desde el sitio donde se tropezaron. Lo ocultaba el follaje de setos vivos del jardín. Te sentiste, un punto, confundido. Le saliste al paso –daba la sensación de no haber reparado en ti–, para decirle, un poco en tono de reproche:

–Creí que deseabas bailar el minueto. Estuve esperándote en el sitio donde nos separamos...

La mujer no dijo nada y siguió adelante, en dirección a la sala. Observaste otra vez, con sorpresa, la mancha violeta que cubría parte de la falda del kimono. La seguiste unos pasos.

–Creía –dijiste sin aprensión– que esa mancha había desaparecido...

La geisha nada respondió y se precipitó hacia el salón. Un poco aturrullado, la viste desaparecer entre los disfraces danzantes. Avanzaste entonces en busca de Manuel del Cristo. La música del minueto te irritaba ahora los oídos, con su melosidad dieciochesca que, no obstante, evocaba sin remedio la figura del Libertador, en alguna de esas idealizaciones con que la exornaron los pinceles del romanticismo, marcando el compás ante su corte de próceres y conduciendo con delicadeza el cuerpo hombruno de su barragana. Lo hallaste a unos pasos del primer seto, tendido sobre el ajedrez de las baldosas y con los ojos ya náufragos en el agua de la muerte. Lanzaste un alarido que no logró sobrepujar los énfasis de la orquesta. Te encorvaste sobre el cuerpo yacente, palpaste con desesperación por entre los botones de la guerrera y retiraste la mano empapada de sangre.

–¡Paren la música! –volviste a gritar–. ¡Algo le ocurre a Manuel del Cristo!

Pero aún siguió el minueto por un rato.

Juan Garibay puso en acción el juego de sus manos.

–Trate de recordar, Santos Moreno –encareció–. ¿Había algo, en la geisha que tropezó camino de la terraza, algo que le hiciera pensar que no se trataba en realidad de la señorita Droz? ¿Algo en su porte, en su andar? Cualquier detalle que, a primera vista, le pareciera insignificante...

–Aparte la mancha violeta –respondiste, siempre bajo el asedio visual de la mujer–, no creo haber reparado en nada. La vi muy fugazmente, y no tenía por qué imaginar que fuese otra persona que la señorita Droz.

El fiscal te escudriñó con sus ojos pequeños. Fumaba una pipa y hoy parecía revestido de toda su pompa oficiosa.

–Perdone la insistencia –dijo–. Lo que voy a preguntarle es de trascendencia para el buen fin de este proceso. ¿Está usted seguro, compañero ministro, de que la persona con la cual tropezó camino de la terraza era, sin sombra de dudas, una mujer? ¿En modo alguno podría haber sido un hombre el que iba bajo ese segundo o... presuntamente segundo, disfraz de geisha?

La pregunta quería serlo, y era hábil de hecho. Estuviste a punto de reír al pensar que, si un hombre de la estatura y los modales de Juan Garibay, se escondiese bajo el disfraz de marras, difícilmente podría establecerse su verdadero sexo. Pero el fiscal te miraba muy serio y preferiste hablar con franqueza:

–La pregunta no deja de turbarme. No pensé, no hubiera podido pensar en esa posibilidad. Como usted, Garibay, soy también abogado. El compañero Gedeón Núñez es, a su turno, médico o, al menos, hizo estudios de medicina. En alguna medida, todos sabemos lo mucho que cuesta establecer este género de imposturas. Todos hemos visto homosexuales disfrazados de mujer. Y sabemos que, en ciertos casos, es poco menos que imposible determinar la verdad. Mucho menos, cuando no había motivo alguno para tomar precauciones en este sentido. Sabemos también lo impracticable que resulta, en términos comparativos, rendir un testimonio exacto acerca de lo que se ha visto u oído en circunstancias en que no se está alerta para descubrir posibles enredos. Ahora bien, un hecho parece claro: la persona que se hizo pasar por la señorita Droz, no rebasaba la estatura normal de una mujer. Podría decirse que andaba como mujer. O era, entonces, una de ellas, o poseía un gran talento de histrión. Prefiero suponer, compañero fiscal, que pertenecía al sexo femenino.

Garibay no pudo evitar que su rostro se encendiera. ¿Quién había hablado de homosexuales? ¿Trataba el canciller de sugerir algo? Comprendiste su reacción, pero preferiste abroquelarte en una sonrisa que, para colmo, fue compartida por la casi totalidad de los presentes. El fiscal volvió a la carga, con muestras de impaciencia.

–Despójese de cualquier prejuicio, doctor Santos Moreno –recabó con ironía–, antes de responder a la pregunta siguiente. No le pediré formular cargos contra nadie. Sólo un poco de ayuda para llevar adelante la investigación. ¿Barrunta usted, sin que por ello acuse a persona alguna, quién de entre nuestros conocidos y dejando de lado el aspecto político, pudiera haber tenido motivos para asesinar a Manuel del Cristo? He pedido descartar los móviles políticos, porque pienso que un asesinato de carácter partidista no se comete, o no suele cometerse, en circunstancias tan extraordinariamente audaces como las que empezamos a colegir. Quiero decir: para matar a un hombre público, no se precisan juegos tan complicados de disfraces como los que, en apariencia, tendremos que contemplar. Se le arroja un coctel Molotov en plena vía, o algo por el estilo, especialmente cuando, como en el caso de nuestro caudillo, se trataba de un hombre que prácticamente vivía al aire libre. Pero no se recurre a este preciosismo desesperante, esta especie de fioritura en la técnica del crimen...

Gedeón Núñez se arrancó los anteojos y los colocó casi con violencia sobre la mesa, para interrumpir.

–No sé lo que quiere insinuar, Garibay –dijo, en tono de cólera que era inusual en él–. Hace algunos días le oí exponer la posibilidad de que se tratase de un crimen de origen pasional y no político. Una especie de reposición, aunque a la inversa, de la tragedia de Otelo. ¿Es esto lo que desea ratificar ahora? Si es así, permítame expresar mi desacuerdo. Manuel del Cristo fue asesinado por razones políticas y, evidentemente, el atentado provino de una persona que estuviese en capacidad de enterarse, con bastante anticipación, del tipo de disfraz que Angela Droz iba a llevar al baile. Tampoco podemos pasar por alto, y perdóneme si digo estas cosas con el ánimo un tanto alterado, que, quienquiera fuese el asesino, estaba interesado en achacar a la señorita Droz la culpa. Es en esta última evidencia donde debemos buscar la razón de eso que usted llama «fioritura en la técnica del crimen». Se quería que creyésemos culpable a una persona en particular. De otra forma, el asesino hubiese podido emplear el disfraz que le viniese en gana, y no precisamente el que se tomó el trabajo de reproducir. Si hemos o no descartado la culpabilidad de Angela Droz, es asunto que el tribunal está lejos aún de haber esclarecido. Pero, caso de no ser ella la asesina, está claro que se le quiso hacer correr con la culpa y, en esa coyuntura, deberíamos más bien preguntarnos: ¿a quién podría interesar que Angela Droz corriese con la culpa del asesinato de Manuel del Cristo? ¿No le parece una buena pregunta?

–En cierto modo, sí –repuso Garibay, en el mismo tono colérico–. Pero me desespera pensar que cualquiera pudo enterarse, con la anticipación del caso, del disfraz que la señorita Droz iba a llevar al baile de máscaras. Bien sabemos ahora que Manuel del Cristo lo hizo arreglar de acuerdo a su talla, dado que había pertenecido a su madre, cuya estatura no era la misma de...

–Cualquiera, con mi sola excepción –advirtió de pronto Angela, cuyo silencio era ya proverbial en la sala–. Manuel del Cristo advirtió muy categóricamente a las modistas que se abstuvieran de revelarme el secreto. Quería reservarme la sorpresa para el propio día del baile y ello quedó clarísimo en las declaraciones que el ujier Baena no logró hacer ante esta sala, *porque lo asesinaron a tiempo*, pero sí hizo ante las autoridades milicianas.

Gedeón golpeó la mesa con nerviosismo.

–Las modistas –dijo– han sido interrogadas casi

hasta la tortura. Ambas niegan haber revelado a nadie cuál disfraz iba la señorita Droz a llevar al baile de fantasía. Pero yo he sugerido otra forma de mirar el problema, que el compañero fiscal no parece estimar en todo su valor: he pedido recapacitar en el hecho de que, si se descarta a la señorita Droz como responsable del crimen, es preciso averiguar quién (y, más probablemente, qué mujer) podría haberse interesado en achacarle el asesinato. La soga va siempre tras el caldero, mis queridos señores.

Juan Garibay chupó en vano la pipa apagada y luego, con una especie de íntimo desagrado, la dejó caer con desgano sobre el cenicero.

–Sé bastante bien lo que sugieres, Gedeón –suspiró, volviendo al tuteo que entre los dos era habitual fuera de la sala–. En la punta de la lengua te puedo leer el nombre de doña Cristina de Guzmán Apráez. Un juicio temerario, perdona que te lo diga. No es mujer que...

–Cuide sus palabras –rectificó el otro, fuera de sí, sosteniendo adrede el tratamiento protocolario–. Aquí no hemos mencionado nombre alguno y no sé de dónde podría inferirse que...

La soga, gran chambelán, la soga tras el caldero. Ahora la mente se te iluminó con un recuerdo que, acaso por tus viejas mañas de diplomático, habías archivado de tiempo atrás. Un recuerdo pungente, mezclado al tufo de la pólvora y a los efectos de cierto vino capitoso.

Los juicios sumarios se celebraron en el patio de los grifos del palacio. En desorden se dispusieron las mesas de los jueces sobre las losas azul turquí del claustro, que rodeaban columnas de mármol rosa con arcos florenzados. En el centro del recinto, veinticuatro monstruos, con cuerpos de león y alas y cabezas de águila, sostenían los dos tazones de una fuente seca, recubierta de lama verdinegra. En otros tiempos, el general Guzmán Pombo pronunció aquí su famosa oración panegírica en honor de Jacinto Zumárregui, a cuyo ascenso, por aquel entonces, acababa de contribuir con su espada. Hoy, un hijo del general que inmoló su vida para escudar al Benefactor, aguardaba en este mismo patio la sentencia final, vale decir, la sucinta formalización de su envío al pelotón de fusilamiento, entre la peste de mazmorra a que trascendía el grupo de los confabulados, atados con esposas y llamados uno por uno, no bien su turno fuera llegado, a las diferentes mesas, para un juicio cuya duración no traspondría los cinco o seis minutos.

Desde uno de los ángulos de la galería, Angela Droz vigilaba en silencio el desarrollo de los acontecimientos. A Salustio Guzmán Apráez, a quien deliberadamente los jueces postergaban el turno, para dejarlo último y permitirle observar largamente el espectáculo de desesperación ofrecido por sus compañeros, la figura de la mujer recatada, en esa especie de gozo taciturno, tras la penumbra de la crujía, le recordaba la de ese funcionario con espadín que contempla con regocijo la flagelación de Cristo en cierta tabla al temple de Luca Signorelli. O, más bien, la crueldad del rostro oval de una dama de la familia Talbot, en cierto óleo de Petrus Christus. Se le ulceraba el alma de pensar en las alegres correrías de su mocedad por los museos de Europa, cuando su padre lo envió a la Sorbona para consolidar su formación humanística. La Academia de Venecia, los esplendores de la Capilla Sixtina, la vieja galería Borghese, la penumbrosa iglesita de San Pietro in Vincoli, el Museo di Capodimonte, la Stanza della Segnatura, el bello Louvre de la orilla derecha del Sena, el Prado de Madrid, el San Bernardino de Bérgamo, el Kunsthistorisches de Viena, el riquísimo Museo Británico, la National Gallery, el Uffizi de Florencia donde admiró a Botticelli, la Alte Pinakothek de Munich, el Kunstsmuseum de Basilea, el Museo Diocesano de Salamanca con su Virgen de la Rosa, el Monasterio del Escorial y hasta el Palacio de Bellas Artes de México, que visitó en compañía de Porfirio Rubirosa. La pintura había sido su inmenso amor. Cuando pudo admirar el genio de aquellos pinceles que iluminaron alguna vez al Viejo Mundo, escribió al general una carta inflamada por la pasión, en la que le pedía cortar de inmediato las manos a todos los pintores locales. No eran más que una punta de mediocres. Sí, su gran pasión. El arte egregio, el único. Ahora, el destino le deparaba, en sus postreros momentos, la contemplación de estos grifos rampantes de la fuente, esas finas columnas rosadas, esos arcos en cuyas mitades se perfilaban las molduras de talón y esa figura sombría, como brotada de una semioscuridad flamenca, en cuyo rostro la impiedad mestiza parecía adunarse a la perfidia florentina. La vida había dado su veredicto. Ahora faltaba el de la muerte.

Lo que más profundamente lo hería era la facilidad con que Angela deshizo el complot, tan larga y minuciosamente preparado, mediante una miserable granada de mano, ante la cual, sin embargo, nada hubiesen podido intentar. La humillación que experimentó, frente a sus compañeros, en el momento de entregarlos y entregarse él mismo a la guardia miliciana. En la prisión recibieron el trato más rudo que cupiera imaginar, dada su intención de asesinar a Manuel del Cristo, que hubiera sido ridículo negar. Ahora, el pelotón de fusilamiento era la única perspectiva segura. ¿Cómo se resolvieron a acometer un proyecto de tal audacia? La desesperación no fue buena consejera. Pero era el caso que Manuel del Cristo había resuelto conducirlos a la ruina, parcelando sus grandes algodonales, sin indemnización de ningún género. Acaso la muerte viniese a resultar, ahora, preferible a la condición menesterosa en que quedarían, supuesto que el caudillo accediese a amnistiarlos, a cambio de su exilio, gestión que con desesperación realizaban en estos instantes algunos amigos y parientes con influencias ante el gobierno. ¿Iba un Guzmán Apráez a aceptar, en cualquier parte del extranjero, pequeñas posiciones en la administración pública, empleos modestos, después de una tradición sesquisecular de esplendor? Pero, ¿por qué no oyó el consejo de sus parientes y se largó a los Estados Unidos o a Europa, con los caudales de su cuenta corriente, acrecentados desde la muerte de su padre por la renta fija en metálico que le pagaban los aparceros? ¿Qué clase de estupidez lo llevó a imaginar que podría, liquidando a Manuel del Cristo, remediar la situación del país, a sabiendas de que la revolución era tan invulnerable, en cabeza de un individuo, como un trono hereditario? Ahora su cuenta corriente estaba embargada y ni siquiera sus familiares más próximos tolerarían que, a costillas de ellos, llevase en cualquier parte del mundo la vida de lujos de la cual, lo sabía de sobra, no podría prescindir. La muerte, la muerte era la única escapatoria. Ni empleos modestos ni ridículo orgullo de aristócrata en el exilio. La muerte mejor. Todo o nada. La opulencia o el paredón. Por algo era hijo del general Guzmán Pombo.

La muerte. Un escalofrío comenzó a trepanarle el espinazo. El miedo a la muerte era, bien lo sabía, mil veces más terrible que la muerte misma. La muerte, ¡qué naufragio!, ¡qué vértigo entre oleaje abisal y trenzas de sargazos! En unas cuantas horas, su cuerpo cribado a balazos sería arrojado a una fosa común, donde él, como esa entidad biológica integral que se llamó Salustio Guzmán Apráez, que brilló en los salones de buena sociedad y amó a tantas mujeres y devoró con los ojos la magnificencia del mundo y apreció el arte eximio del Renacimiento y se conmovió ante algunos cuartetos de Beethoven y guardó el recuerdo de cierto poema otoñal de Verlaine; donde él, como entidad biológica integral, habría cesado de existir; pero donde sus huesos, sus cartílagos, algunos de sus tejidos tegumentosos, seguirían viviendo por cierto período de tiempo, no importa que el cerebro y el sistema nervioso junto a los cuales se desarrollaron y a través de cuya compleja red experimentaron, por tan largo tiempo, toda una gama de sensaciones, fuesen ya materia inerte, fuente de emanaciones amoniacales en tránsito a dióxido de carbono, a metano, a nitrógeno. Cerebro y nervios, razón de su individualidad: que sería precisamente lo que desaparecería, a la manera de una computadora electrónica desconectada para reprogramación.

Pensó en su mujer y en sus hijos. ¿Qué les esperaría? ¿Arrastrar una digna miseria (¡miserias dignas, valiente historia!), bajo la égida de caridad de una parentela frente a la cual fueron siempre demasiado arrogantes? ¿Cómo llegó a creer que era preferible la muerte? ¿Qué sería de los suyos? ¿Podrían sus hijos alguna vez extasiarse, como él, en la contemplación de aquella espléndida Madona Trivulzio de Fra Filippo Lippi, donde la redondez y hasta la obesidad y la fealdad dan a los rostros de los niños una elación más angélica? ¿Irían alguna vez, con la facilidad que él, a ese magnífico Castello Sforzesco desde el cual gobernaron los descendientes del condotiero Muzzio Attendolo? ¿O acabarían fundidos otra vez con el *profanum vulgus*, con la inepta gleba de la cual emergió, con blasones ganados en los campos de batalla, la estirpe de los Guzmán, por los años de la Independencia? ¿Fundidos con el oscuro pueblo, con la gentuza que él les enseñó a despreciar, hombres del montón, incapaces de discernir cuál es el traje correcto para cada ocasión o, al menos, de usar con decoro los cubiertos a la mesa? ¿Cómo aceptar filosóficamente la muerte, si no era sólo a nosotros a quienes arrastraba, sino a los nuestros, a la sangre de nuestra sangre? Y, luego... ¿qué nos aguardaría más allá de ella? ¿La simple aniquilación de la entidad biológica integral? ¿O la supervivencia del espíritu en un plano ignoto, cuyos dictados pretendimos conocer, pero acaso no hicimos sino traicionar a lo largo de nuestras vidas? Observó la presencia de un sacerdote que se movía entre las mesas de los jueces y el escalofrío subió de punto. Qué fineza, diablo, por parte de estos granujas. Llevarles un sacerdote. ¿No era, tal vez, una manera de aguzar su sufrimiento? *Memento homo...* Qué refinamiento. La muerte es el olvido y el silencio, ¿verdad, San Gregorio Nacianceno? Un olvido y un silencio de los que maldito el apetito que tenemos, ¿verdad, San Gregorio? No, no. Si los dioses están hoy sedientos, que se beban nuestra sangre como vampiros, pero ¿qué nos depara el Dios que está más arriba? ¿El que escupe sobre los demás dioses?

–Salustio Guzmán Apráez.

Escuchó su nombre, casi silabeado, en la voz neutra y grave del oficial. Un miliciano lo apresuró con la culata del fusil para que marchara hacia la mesa correspondiente. Había llegado la hora. El juez lo miró con unos ojos color de avellana que parecían reír. Angela Droz salió en aquel momento de su escondite, tras las columnas, y avanzó hacia ellos. Quería, de fijo, disfrutar la extrema sumariedad del juicio. Enrostrarle, quizás, este formulismo idiota, como diciendo: «¿Recuerdas que, en tiempos de Zumárregui, no existía?, ¿que se fusilaba a la gente sin fórmula de juicio? Treinta mil, treinta mil oposicionistas fueron fusilados, en este patio, por el Benefactor». Sí, eso quería. ¿Y qué? ¡Treinta mil deschavetados que renegaban de los designios de una clase que forjó la Independencia y erigió la fábrica y el engranaje de la economía del país! Reparó en la mirada de burla que la guerrillera lanzaba sobre sus pantalones de dril, los mismos que llevaba la noche del asalto al palacio. Temió lo peor. Lentamente dejó resbalar hacia ellos la mirada, para comprobar por sí mismo la ignominia. ¡Me he orinado en los calzones! ¿En qué momento, Dios mío, en qué momento? No, no, tiene que ser que... ¡Me he orinado en los calzones! ¡El oprobio!

En ese momento sonaron las descargas de los primeros fusilamientos. El sacerdote, muy cerca del sitio que ocupaba Guzmán Apráez, prestaba auxilio espiritual a estos moribundos, rebosantes de salud, que compartieron con él la loca aventura. Sintió una terrible opresión en el estómago, seguida de retortijones.

–¿Salustio Guzmán Apráez? –preguntó, por puro protocolo, el juez.

–Sí, –repuso, con toda la entereza que logró extraer de su pavor.

–¿Confiesa haber encabezado la conspiración del viernes pasado, para asesinar al héroe máximo de la revolución?

Su tono era pomposo y lleno de plebeya jactancia.

–No tengo necesidad de confesarlo –contestó, afligido por el dolor y el retorcimiento de las tripas–. Fui sorprendido en flagrante.

El funcionario intercambió guiños con los miembros del jurado.

–Paredón –se limitó a decir por último, riendo otra vez, en forma casi imperceptible, con los ojillos avellanados.

–Gracias, es un honor –se atrevió a decir Guzmán Apráez–. Y hasta la vista.

Una pareja de milicianos lo condujo donde el sacerdote.

–Hijo mío –vio en los ojos del religioso un asomo de conmiseración–, ¿quieres recibir los auxilios espirituales?

–Sí, padre –contestó. Los retortijones aumentaron y sintió una nueva humedad, más espesa, entre los muslos.

–Di tus pecados –recabó el sacerdote, como quien desea despojar al acto simbólico de todo ritualismo.

–Intento de asesinato, adulterio, quizás una pequeña dosis de soberbia, quizá...no lo sé muy bien... explotación indebida del trabajo de mis aparceros, no lo sé a ciencia cierta, no sé contra cuál mandamiento atenta este pecado de economía política –dijo maquinalmente, como si de improviso hubiese comprendido la crueldad de esta farsa que es la vida y el sentido de omnímoda gracia que encierra la muerte.

–¿Es todo? –preguntó el religioso.

–Todo.

–Reza los padresnuestros que te sean posibles hasta el último momento. *Te absolvat Dominus Jesus Christus; ego autem eius auctoritate te absolvo ab omni vinculo... Denique, si absolvi potes, ex peccatis tuis ego te absolvo in Nomine Patris et Fili...*

Entonces vio a Cristina, a sólo unos pasos de Angela Droz, mustia y demacrada, con un sobrecogimiento de espanto.

¿Cómo logró entrar aquí? Su mujer, su pobre mujercita. Al menos, podría despedirse de ella.

Trató de avanzar hacia el cuerpo que temblaba, como intuyendo la intemperie en que quedaría, pero se interpuso la figura de la guerrillera.

–Se trata –dijo Angela Droz– de que ella escarmiente

presenciando la ejecución, no de dar motivo a solaces sentimentales.

–Perra –musitó Guzmán Apráez.

Dos milicianos le hicieron escolta para conducirlo ante el pelotón de fusilamiento. Ahora, los grifos de la fuente parecían proyectarse en un ademán de danza, sus alas no eran ya de águilas sino de arcángeles que flotaban en la gloria iridiscente del cielo. Trató de mascullar: *Padre nuestro que estás en los cielos...*, pero un turbión descendió sobre su mente, la envolvió en ondas abigarradas, dispersó en fragmentos la masa de su entendimiento y lo transportó a la casona donde reinaron su abuelo, su padre, él, donde campeó la felicidad todo el tiempo que la fortaleza de su estirpe así lo quiso, todo el tiempo que –a la vez– el poder la fue corrompiendo, la fue inebriando en las delicias del liderazgo natural, la fue sumiendo en sus aguas de Leteo, adormeciendo su vigor al arrullo del libertinaje y de la molicie... «Nos ha llegado el turno –pensó con clarividencia súbita–, pero ellos también serán corrompidos por el poder, también naufragarán en el Leteo, también se embriagarán con ese vino de muerte y caerán fulminados por el rayo del pueblo. No lo harán mejor que nosotros. Y, en cambio traerán la ruina con ellos, prostituirán al ángel cirenaico y la caspa de sus hombreras no dará nunca la altura de la sarna de nuestros pies. Lloverán las balas sobre nosotros, como las saetas sobre Sebastián, el guardia pretoriano, en las figuraciones de El Greco o de Antonio y Piero Pollaiuolo. Pero sólo lograrán convertirnos en mártires, y, cuando los viratones lluevan también sobre sus cuerpos peludos, nuestras espadas regresarán a los museos y unos cuantos elegidos volverán a oír la voz de la sangre que ruge...».

Ni siquiera fue vendado, pero en vez de las balas justicieras vio venir hacia él un enjambre de minúsculos murciélagos de mirada roja, que lo transportaron a los profundos infiernos.

Un recuerdo mezclado al tufo de la pólvora y a los efectos de cierto vino capitoso....Fue la primera vez, gran chambelán, que viste a Manuel del Cristo pasado de copas. Afuera, se escuchaban las detonaciones de los fusiles, dando en tierra con los confabulados de agosto. Salustio Guzmán Apráez acababa de rodar vuelto un colador sanguinolento y, con él, todos los que lo acolitaron en la aventura. A la mayoría de los miembros del gabinete, reunidos en el despacho del caudillo, la barbarie de aquella vindicta les ponía la carne de gallina. Pero comprendían que sólo de este modo el gobierno podría afianzarse y escarmentar, para siempre jamás, a quienes aún confiaran en poder destruírlo, alguna vez, con este género de conjura. No era la primera vez que Manuel del Cristo apelaba al paredón para disuadir a sus enemigos. Pero, en esta oportunidad, parecía más nervioso y tenía que infundirse ánimo bebiendo grandes copas de *Beaujolais*, que estaban a punto de embriagarlo por completo.

–Angela.... es mi ángela guardiana –disparataba– ¿Cuál de ustedes, sumisos cofrades, hubiera hecho lo que ella? ¿Cuál de ustedes se hubiera enfrentado a un grupo tan numeroso de asaltantes? Igual que en la guerrilla.... Ella fue siempre la que me sacó de aprietos.

Los camareros hacían circular el vino y tú mismo, Santos Moreno, cuya sobriedad todos conocían, empezabas a sentirte achispado. Demetrio Canelas, que dio principio al rito de las libaciones a la par con Manuel del Cristo, dormía la mona en un sofá de forro de felpa, destinado ordinariamente a acoger con adecuado mullido las nalgas ministeriales. Con las últimas descargas, el caudillo pareció relajarse, como desembarazado de un gran peso, y propuso un brindis por la revolución.

–Tenemos la certeza de estar haciendo lo debido –dijo–. ¡Que la prensa imperialista despotrique como quiera! La reforma agraria fue uno de mis compromisos desde el día de la toma del poder y la he cumplido sin que me temblara la mano. Este puñado de resentidos eran gente que, desde tiempos de la Colonia, abusaron de la propiedad y explotaron al campesino. No hubiese querido tocar sus vidas. Me limité a fusilar, en los comienzos de mi gobierno, a los funcionarios corruptos más próximos a Zumárregui. Pero respeté la integridad física de los terratenientes, a condición de que aceptaran el reparto de la tierra y se contentaran con los dineros que tenían en caja y, en tantos otros casos, con los depósitos que poseían en bancos de Suiza o las Bahamas. ¿Qué otra cosa esperaban? ¿Que siguiéramos apadrinando sus exacciones?

Apuró otra copa y se repantigó en un sillón.

–Mi gobierno ha dado muestras de ecuanimidad –prosiguió, con acento vinoso–. He comprendido que la estatización absoluta de la riqueza puede llevarnos a la ruina. El Estado no está en condiciones, por causa de nuestra misma pobreza fiscal, de administrarlo todo. Sé bien que, en el seno del comité central, hay favores y disfavores hacia mi persona. Atkinson está al llegar y muchos piensan que estoy colocando otra vez al país en los tentáculos del pulpo capitalista. Se equivocan. Lo que ocurre es que no puedo marginar a esta nación de eso que los eruditos a la violeta llaman el «avance tecnológico». Es muy difícil realizar a cabalidad una revolución dentro del subdesarrollo. Haré, pues, las concesiones necesarias, para que no quedemos como huérfanos a merced de la técnica que los países socialistas condesciendan a proporcionarnos.

No deseo la ruina. Quiero el progreso y espero que ustedes me comprendan.

Los ministros callaban, pero era un silencio que, en la mayoría de los casos, no suponía la aquiescencia. Entre los pocos que hallaban razonables los enunciados del caudillo, tú, gran chambelán, sabías de sobra que una crisis estaba a punto de desatarse en el seno del partido. La mística o, mejor, el maniqueísmo izquierdista, había sido herido con una estocada a fondo. Las evidencias económicas no bastaban a quienes temían a la garra occidental como los amonitas al dios Moloch, y preferían soportar hambre dentro de la dignidad política, a practicar concesiones, por escasas que fueran, en terreno tan delicado como el de la producción industrial, fuente principal de empleo en las ciudades. Por sabias que sus determinaciones pudiesen ser, Manuel del Cristo parecía obsedido, de un tiempo a esta parte, por su propia visión del problema. Pensaba que el obtener franquicias arancelarias en los Estados Unidos para el producto básico del país, justificaba cualquier licencia. La verdad era que el rédito acordado al algodón por los países socialistas, no compensaba el esfuerzo de los pizcadores y que gran parte del producto quedaba almacenado, sin beneficiar al Estado que, de todas maneras, estaba en la obligación de adquirir la totalidad de la producción. Se trataba de una de esas encrucijadas de las cuales era tan sencillo culpar, en últimas, al inveterado subdesarrollo, que a la vez provenía de la ineptitud de anteriores administraciones, obcecadas en considerar al país una mera despensa algodonera, y sordas a cualquier instancia en favor de una promoción de la industria. En la coyuntura actual, cuando los imperialismos nacionalistas desaparecían para dar paso al fenómeno de los capitales multinacionales —en el cual participaban por igual las burguesías y las democracias populares—, la única oportunidad de conseguir un mediano desenvolvimiento de la técnica era ponerse en manos de las compañías transnacionales, cuya zarpa cesárea no sería inferior en su afán de rapiña a la de las grandes potencias.

El camarero te llenó la copa y saboreaste otra vez el íntimo rescoldo del vino, hundiéndote en el viejo butacón virreinal. Los objetos se empañaban en tus ojos, como vistos a través de ésteres celulósicos. Todavía te hallabas bajo la impresión de los fusilamientos y un deseo de fuga te anublaba la mente, estimulando los efectos del licor. Entonces se oyeron los gritos. Venían del pasillo, en repentina algarada. La puerta, que por entonces sólo cuidaban uno o dos milicianos, crujió con fuerza. Alguien quería derribarla a empellones. Manuel del Cristo dio un respingo en el sillón y, antes de que nadie pudiera hacer nada por evitarlo, se precipitó a abrirla de un salto. Los presentes palidecieron, como si esperaran una ráfaga de metralla. Pero, rodeada por cuatro milicianos perplejos, en el vano apareció, en cambio, la figura lacrimosa y pálida de Cristina de Guzmán Apráez, cuyas ropas se veían medio rasgadas por los esfuerzos de los hombres de chacós rojos para no dejarla llegar hasta el despacho del mandatario.

La mujer permaneció en el umbral, bañada en llanto, pero sin resolverse a concluir lo empezado. Luego, en vista del silencio impuesto por su presencia, cobró empuje y se abalanzó hacia el caudillo, con las uñas de gata en actitud de despellejarlo. Manuel del Cristo extendió los brazos, soltando la copa que se hundió sin quebrarse en la alfombra, y la asió de ambas muñecas, para inmovilizarla. Pero la viuda seguía debatiéndose como basilisco y lanzaba puntapiés a tontas y a locas. Varios ministros acudieron a sujetarla.

–Serénese, por favor...

–¡Asesinos! ¡Forajidos venidos a más! ¡Gobernantes de pacotilla! ¡Ahora tendrán que fusilarme a mí también!

Parecía evidente que Cristina, hasta el momento mismo de la ejecución, había abrigado la esperanza, acaso la certidumbre, de que el indulto llegaría. En aquel instante, Angela entró al despacho como alma que lleva el diablo.

–¡Déjenmela a mí! –gritó–. ¡Yo le enseñaré a esta puta aristocrática lo que es bueno! ¡Déjenme a la zorra para enseñarla a no andarse a grillos!

Cristina aventaba tarascadas al aire, codazos, puntapiés, tratando de zafarse. Manuel del Cristo ensayaba palabras suaves, que se perdían entre el estruendo de la zarabanda. Angela tiraba, arrancando hebras, de los cabellos de la viuda y los ministros no sabían ya a cuál de las dos sujetar.

–¡Déjenme enseñarle a esta puta aristocrática...!

–¡Miren quién habla! –replicaba Cristina, entre dentellada y pisotón–. ¡Como si todos no supieran que eres la puta de este palacio! ¡La puta más puta que una zaranda!

–Señora...

–¡Devuélvanme a mi marido, manada de cobardes! ¡O déjenme vérmela a solas con este caudillo de engañifa, para que vea con quién se mete!

–Señora –Manuel del Cristo logró imponer su voz–. Su marido fue fusilado por intento de asesinato contra la persona del primer mandatario. ¿Comprende usted?

–¡Ojalá lo hubiera asesinado, matón de tres al cuarto!

–¡Déjenmela a mí! –aullaba Angela–. ¡Le voy a sacar del cuerpo todos esos arrullos!

–¡Angela, te prohibo que continúes! –urló Manuel

del Cristo, visiblemente excitado por el espectáculo de una mujer a la que él mismo acababa de dejar viuda–. La señora no está en sus cabales y necesita tratamiento médico.

Tres ministros y cuatro milicianos consiguieron, por último, reducirla a la impotencia. La mujer arrojaba espumarajos y padecía, sin duda, una crisis de histeria. Con suavidad empezaron a retirarla.

–¡Salteador de caminos! –alcanzó a gritar desde la puerta–. ¡No creas que todo va a quedar así! ¡Te mataré, así tenga que pagarlo con la vida! ¡Te mataré, de eso puedes estar seguro! ¡Te mataré, mujercita con uniforme de comandante!

Los milicianos la alzaron en vilo y desaparecieron con ella por el pasillo. Manuel del Cristo dio instrucciones para que fuese conducida, sin violencia, a casa.

–Quiero que reciba atención médica –dijo–. Que se olvide este incidente sin importancia. Conozco a su familia. Su padre fue amigo del mío. No quiero que sufra ningún daño.

Luego volvió a derrumbarse en el sillón.

–Maldita sea –masculló–. Por no tener que llegar a estos extremos hubiera mandado a un cuerno la política. ¡Maldito sea todo!

Engulló de un tirón un vaso de *Beaujolais.* Algunos ministros, alterados por la escena, lo imitaron sin protocolos. Tú, gran chambelán, que habías permanecido incrustado en el butacón, encendiste un cigarrillo y miraste de sesgo el sitio donde Demetrio Canelas, ignorante de todo, roncaba como alma del cielo. Conocías de antiguo a los Guzmán Apráez. Ricos terratenientes, protegidos de Zumárregui, la revolución acababa de arruinarlos, dados sus rezagos de provincialismo que les impidieron colocar efectivos en bancos de Suiza o las Bahamas. Salustio, lo sabías, no fue un mal muchacho. El destino que corrió no era, al menos, el que merecía. Hombre de buen gusto, se había pasado la vida adquiriendo cuadros robados de los museos de Europa; quería poseer una pinacoteca digna de un millonario norteamericano, pero la mayoría de las veces, luego de pagar sumas de escándalo, se hallaba con que los cuadros adquiridos eran sólo falsificaciones. De todos modos, dirigir un atentado contra un mandatario, estaba fuera de su carácter. La idea fue, a no dudarlo, dictada por la desesperación. Desesperación de comprobar el estado de indigencia en que la revolución lo colocaba de improviso. Deplorable episodio, agravado por el desamparo en que la viuda quedaba. Manuel del Cristo había hablado de fijarle una pensión, pero era casi seguro que Cristina la rehusaría. Se trataba de una mujer orgullosa en grado sumo, descendiente de un linaje de aristócratas españoles. En tiempos de Zumárregui, su padre, que era coronel y anhelaba un pronto ascenso para equilibrar el ingreso de la familia, presentó al déspota un informe según el cual el cargo que ocupaba como director del Departamento de Aeronáutica, debía, por razón de las altas responsabilidades que involucraba, ser desempeñado por un general. Zumárregui leyó el informe con detenimiento. Luego dijo, con su voz reposada de capataz antillano:

–Creo que tiene razón. Es un general y no un coronel el que debe dirigir su departamento.

El padre de Cristina se iluminó de alegría. Pero el dictador dándole la espalda y poniéndose a mirar hacia una lejanía inconcreta, añadió entonces:

–Desde mañana, su puesto lo ocupará el general Guzmán Pombo.

Fue, no obstante, debido a esta chirigota, como se conocieron Salustio y Cristina. Poco después, Guzmán

Pombo sacrificó su vida para salvar la de Zumárregui y fue declarado héroe de la república. Sus hijos habrían recibido una bonita pensión hasta el día de la muerte, a no ser por el golpe de la guerrilla que dio al traste con la dictadura.

El *Beaujolais* seguía escanciándose casi a torrentes. Tú, gran camarlengo, preferiste abstenerte, a partir de la escena de violencia que protagonizó la viuda. Pero Manuel del Cristo estaba vuelto un haz de nervios y bebía, como nunca antes lo hizo. Unos cuantos miembros del gabinete le seguían la corriente, fingiendo beber tanto o más que él. Angela Droz, abstemia indoblegable, había rechazado el aromático *Liebfraumilch* que el caudillo le mandó traer. En cuestión de minutos, Manuel del Cristo había recobrado el buen humor y se paseaba a grandes zancadas por el despacho, urdiendo planes para el futuro.

–Este Guzmán Apráez descendía de próceres –farfullaba–. ¿Qué tenemos contra los próceres? Nada en particular. Ellos nos dieron la independencia política, pero carecían de la suficiente cultura para intentar, por aquellos tiempos, la consolidación de la independencia económica. No tuvieron visión del porvenir. Nuestros caudillos liberales esgrimieron las armas para evitar que el Libertador se coronara rey. Obtuvieron la libertad de los esclavos, que los propios libertadores, una vez entronizados en el poder, pretendieron rechazar. Pero luego se trenzaron en discusiones bizantinas, querían saber cuántos ángeles cabían en la cabeza del alfiler del Estado. Cifraron en el anticlericalismo, en la separación de Iglesia y Estado, en las teorías centralista y federativa, las razones de sus contiendas. ¡Torpes abuelitos! El imperialismo acechaba a la vuelta de la esquina y ellos discutiendo sobre libertad de cultos...

Llenó otra copa y extendió los brazos, como para abarcarlos a todos.

–¡Hoy hemos fusilado a un descendiente de próceres! –exclamó, como tratando de aligerar el peso de su conciencia–. ¡Atentó contra la vida del primer mandatario y había que hacer un escarmiento! Condenarlo al exilio habría sido prueba de debilidad. ¡Pero no quiere decir que despreciemos a los próceres, ni a sus descendientes! ¡Tenemos un alto concepto de la gesta libertadora, no importa que fuera financiada por el imperialismo inglés!

Bebió de un sorbo la copa y paseó la vista por los presentes. Su mirada, vidriosa, parecía llena de indescifrable espanto.

–Haremos –dijo con lentitud– un desagravio a los próceres.

Ministros, camareros, Angela, lo observaban con escéptica aprensión, como se siguen los movimientos y las palabras de un borracho.

–Repondremos –prosiguió– el esplendor de los días de la emancipación de España. A partir de este año, la revolución respetará esa bella tradición del baile anual de máscaras, que los libertadores instituyeron en el palacio de los virreyes. Quiero que, de inmediato, se empiecen los preparativos. Celebraremos el baile de máscaras con una magnificencia que no soñaron nuestros antepasados. Sepultaremos para siempre esa odiosa manía de Zumárregui, de querer hacer del palacio una sala de velación de muertos.

–Tampoco es asunto –interrumpió Angela con su habitual gesto tenso– de hacer del palacio una sala de baile para unos cuantos privilegiados. Si se hace un baile, será a puertas abiertas, para que entre todo aquel a quien le venga en gana. El pueblo tiene derecho a participar en los festines gubernamentales.

Manuel del Cristo se desconcertó. Por un instante, su figura, con la copa en la mano derecha, se vio desgavilada y torpe, trastabillar con un giro desvaído para acabar apoyándose en el escritorio.

–Quizá tengas razón –balbuceó–, pero...

–Pero sería un disparate a todo meter –interviniste, gran chambelán, seguro de que, en cualquier forma, la idea se quedaría en proyecto–. Las salas del palacio no darían abasto para tanta gente como, no lo dudes, querría venir. No; hagamos algo de carácter simbólico. El comité del partido, los dirigentes de barrios y provincias, y el cuerpo diplomático. No se puede hacer un baile invitando a un país entero.

Angela se mordió los labios y te examinó, pero esta vez su mirada sólo acusaba perplejidad.

–No existe un solo país socialista –agregaste, tratando de paliar la tirantez que ya crecía– donde no se organicen esta clase de fiestas. Pero, Angela, ¿te imaginas a media Siberia metida en el Kremlin?

–¡Lo haremos! –exclamó entonces Manuel del Cristo– ¡Démoslo por hecho! ¡A prepararlo todo! Tú, Angela, déjate de quisquillas y oye lo que voy a decirte.

La mujer giró hacia él el abismo de sus ojos

–Tú –la previno el caudillo– no te vayas a preocupar por el disfraz...

–¿Disfraz yo? –interrogó ella con amargura. Era como indagar: «¿Disfraz yo, que estoy tan orgullosa de mis cicatrices? ¿Disfraz yo, que debería andar desnuda para mostrar de dónde procedo y cuál ha sido mi grandeza?».

–Disfraz tú –rió Manuel del Cristo– y disfraz todo el

mundo. –Se quedó pensativo unos segundos: –Claro está... con mi sola excepción. Los jefes de Estado... bueno... jamás acostumbraron ir disfrazados a estos bailes.

Lo avergonzaba reconocer que, en su adolescencia, había concurrido, como hijo que fue de uno de los clanes de la burguesía, a las fiestas de fantasía que alcanzaron a celebrarse antes de la toma del poder por Zumárregui. Luego apuró otra copa de *Beaujolais* y coronó su pensamiento.

–Pero no tendrás que preocuparte por el disfraz –aclaró–. Tengo uno deparado para ti, que habré de mantener en secreto hasta el día mismo de la celebración. Quiero que sea una gran sorpresa. Un presente muy especial. Como ves, lo del baile no es idea que haya surgido al calor de los vinos; la venía madurando hacía algunos meses. No quiero una revolución fúnebre, que recuerde la época de Zumárregui. Quiero una revolución con alegría, quiero... En fin, ¡que se hagan los preparativos!

Frunció sombríamente el entrecejo.

–Y que se vaya al diablo de una vez esta fecha macabra de fusilamientos.

Encendiste, gran chambelán, un nuevo cigarrillo y te decidiste a probar un sorbo más de *Beaujolais*. Aparentemente, la cosa iba en serio.

Los fusilamientos terminaron hacia las cinco de la tarde. Gedeón Núñez permaneció en casa todo el día, yendo y viniendo de aquí allá, contando y recontando los recuerdos que gravitaban, en forma impalpable, dentro de aquellos muros, mientras resonaban a lo lejos las descargas como hitos intermitentes de un melodrama fantasmagórico. Cada eco del fuego colectivo de los pelotones hacía chispear una imagen en tu mente, un gesto de agonía, la luz fosfórica de un remordimiento. Eran demasiados. Se necesitaba tener los testículos forrados en plomo para ordenar tantas muertes. Pensabas, buen amigo mío, en Angela Droz y en Manuel del Cristo, haciendo el amor esa misma noche bajo el dosel de la cama virreinal: un espasmo de placer por cada fogonazo, un golpe de fantasía erótica por cada dictado fatal. La náusea que te invadía terminó cediendo paso, no obstante, a un sentimiento de admiración: admiración hacia el héroe del pueblo, que barría la inmundicia de las boyeras dictatoriales, de los establos de la burguesía, para erigir el nuevo orden y dar curso al río de la revolución.

Vestías un camisón anticuado y traías calado hasta las orejas un ridículo gorro de dormir. Por la ventana columbrabas, de tiempo en tiempo, el escorzo sombrío de la ciudad, con las casas bajas del barrio colonial, los rascacielos del sector céntrico y las fábricas que, a lo lejos, alzaban sus obeliscos por donde ascendían grises destilaciones de hollín y neblina. Sobre el gabinete de palo de rosa habías depositado los periódicos del día, todos los cuales destacaban, al ancho de página, los juicios sumarios contra Guzmán Apráez y sus secuaces; invectivas o elogios, claro está, pero, en suma, nada que tuviese un ápice de objetividad. El régimen no acababa de resolverse, por aquellos días, a clausurar la prensa reaccionaria; el *Diario Mercantil,* verbigracia, traía un titular en letras enormes, con la sola palabra MASACRE. El periódico del partido, a su turno, realzaba el acto de justicia que el gobierno debería cumplir, a contrapelo de sus deseos de paz. Los mismos bordones y estribillos de siempre. Editoriales tendenciosos, literatura barata.

Una sola noticia despertó tu curiosidad. La traía el *Diario Mercantil* en página octava, y acaso pasara inadvertida a todo aquel que no mirase la prensa con buen discernimiento sobre lo que cala o no en el populacho. Se refería al surgimiento de una milagrera, una iluminada que curaba ciegos, sordos y tullidos en inmediaciones de la capital. Careciera el hecho de trascendencia, a no ser porque se trataba de nadie menos que Claribel Zumárregui, la hija medio tarada del difunto dictador. Según el periódico, Claribel, a quien en varias ocasiones se había aparecido la Virgen Santísima, tenía el encargo de aliviar los males del pueblo mediante la taumaturgia. Varios enfermos de cáncer, de acuerdo con el tenor de la noticia, habían sanado por completo, una vez experimentaron sobre las regiones afectadas el tacto balsámico de la milagrera. Los periodistas no titubeaban en afirmar que el suceso había sido comprobado, a la luz de la ciencia, por médicos que, atónitos por la grandeza del prodigio, ahora se proponían cerrar sus consultorios y coadyuvar en la labor de la asistida. Largas romerías de dolientes, salidas de todos los puntos del país, confluían ahora en la humilde cabaña que habitaban Claribel y su madre desde el derrocamiento del sátrapa. Valetudinarios de toda catadura, seres retorcidos como garabatos, angulosos despojos del raquitismo, varones sin potencia, hembras infecundas, ancianos que eran desechos de la derelicción, entes enloquecidos por males sin cura, se agolpaban frente a la casucha en espera del milagro que no tardaría en llegar. La mustia y longilínea muchacha, cargada de escapularios y otros amuletos, se hacía presente a determinadas horas, en un lugar del patio, protegida por una verja de madera por donde grimpaban enredaderas y flores, para rociar a los afligidos con agua bendita, imponerles sus manos como óleos santos y despedirlos con la señal de la cruz. Los cronistas se hacían lenguas sobre la austeridad de la taumaturga, que no cobraba un centavo por sus mercedes.

El hecho te sugirió varias consideraciones. En primer término, conocías de sobra, como médico, los mecanismos psicológicos a través de los cuales operaba este género de curaciones. Ya en tus años de universidad, los experimentos de Freud sobre histeria, en hombres y no sólo en mujeres, habían sido divulgados con alguna amplitud, aunque no reconocidos en su totalidad, en el ámbito científico. Se sabía que, en la base de todo proceso histérico, existía, por parte del paciente, la necesidad de eludir un intenso conflicto afectivo. El enfermo terminaba asociando su estado físico con un síndrome, sobre el cual construía los síntomas histéricos. Creía padecer una enfermedad en particular, acerca de la cual poseía, por regla general, conocimientos previos, en punto a sus manifestaciones y desarrollos. Luego asociaba al síndrome con su necesidad de evasión y la histeria empezaba a derivar por esos rumbos complejos que convertían al paciente, ya en epiléptico, ya en paralítico, ya en ciego, sordo o impotente. Freud había demostrado que el hipnotismo era capaz de anular los efectos de la histeria: hacía moverse a los paralíticos, ver a los ciegos, y daba reposo a los epilépticos. Aunque, en un principio, los dómines de la Sociedad Médica Vienesa restasen importancia a la teoría, en realidad –y así lo aceptaste desde aquellos años de universidad– Freud había descubierto no sólo el cuadro general de la histeria, sino la subyacente razón de eso que los teólogos definían como acontecimiento sobrenatural manifiesto. Los taumaturgos, al estilo del monje Rasputín, eran personas dotadas de alto poder de sugestión. Si el enfermo a ellos confiado era un histérico, el milagro se realizaba sin complicaciones. Pero quien padeciese una enfermedad real y no del tipo psicosomático, bien podía despedirse de la esperanza de sanar por medios taumatúrgicos. Sobre este aspecto de la cuestión no albergabas la menor duda. Ahora bien...

En segundo lugar, estaba el desenfoque dado a sucesos de esta índole por periodistas sin escrúpulos.

Con tal de vender su mercancía, algunos directores de diarios y revistas (a Jenaro Medina, el director del *Diario Mercantil*, harto que lo conocías) no vacilaban en agrandar la dimensión de los milagros y en aportar, incluso, los falsos testimonios que fueran del caso. El resultado era que millares de personas sin recursos de dinero, empeñaban lo que tenían para emprender el penoso viaje hacia la meca de los portentos, a la alquibla de sus oraciones, donde el iluminado, el asistido, derramaba sobre los menesterosos el bálsamo de su astucia. En no pocos casos, los peregrinos morían a las puertas de la meca. En el mejor de ellos, a la enfermedad tenían que sumar, en adelante, la ruina de sus peculios.

A este tipo de preocupación social y científica, agregabas, Gedeón, una tercera consideración de carácter estrictamente político. Estabas seguro de la indiferencia con que tus cofrades del comité central encararían el asunto. Pero te inquietaba el hecho de que la milagrera fuese, en esta ocasión, Claribel Zumárregui. De viejo eran conocidas sus inclinaciones al misticismo, alentadas por su padre. Pero el transformarla, ahora, en persona dotada de poder milagroso, tenía que ser, necesariamente, obra de los enemigos de la revolución. A estas pobres mujeres, Serapia y Claribel, a quienes Manuel del Cristo trató con mano de seda en honor a su sexo y débil condición, no se les ocurriría montar una estafa de semejantes proporciones. Eran sinceramente religiosas y, ya en tiempos de la dictadura, la leyenda de las apariciones de la Virgen María había circulado entre las gentes sencillas. No era de dudar que la viuda y la hija de Zumárregui creyeran, a pie juntillas, estar realizando prodigios de milagrería. Pero los hilos de la tramoya tenían que ser movidos por individuos que sabían muy bien lo que perseguían. No otra cosa sugería la sinuosa redacción con que el *Diario Mercantil*, siempre bajo la inspiración del funesto Medina, abordaba el suceso. Y la conclusión era forzosa, al menos para ti, cuya brújula metafísica hacía tiempo se oxidaba en el desván de tus fantasías.

Hiciste crujir, con el peso de tu cuerpo, el mueble taraceado. Hasta la desesperanza te irritaba la ingenuidad con que tus compatriotas aceptaban la intervención de lo sobrenatural. Ni siquiera la oposición de los obispos, poco inclinados a creer en este género de inmiscución de las potencias del cielo en los asuntos de los mortales, disuadía a los creyentes de apelar al expediente de las milagrerías. Se trataba, la mayoría de las veces, de impulsos naturales de la gente, que nada tenían que ver con la teología o el dogma cristianos; impulsos atávicos, residuos del antiguo sentido mágico del universo, que lo mismo se emparentaban con el culto romano a los hijos de Acca Laurencia o con el crédito a los conjuradores de fantasmas o psicagogos de la Figalia arcádica. Tu vocación médica respondió, en un principio, a esa conciencia de la necesidad de ayudar a los humildes mediante una ciencia libre de supersticiones, una ciencia de carácter racionalista. Procedías de una familia de clase media alta, pero venida a menos hacía más de treinta años, así que tu padre debió pagar con privaciones tus estudios. Hiciste la medicatura en un puebluco de la cordillera, donde el cúmulo de males que sufrían los habitantes estaba relacionado, casi siempre, con deficiencias en la nutrición. Cotudos por falta de yodo, raquíticos por carencia de leche en la niñez, los aldeanos se resistían, sin embargo, a ponerse en manos de la ciencia. Preferían la oración. A macha martillo pensaban que sólo los dones del cielo los sacarían de su estado. A la epilepsia la consideraban todavía mal sagrado, como en la quinta centuria anterior a Jesucristo, cuando la medicina hipocrática debió llamar la atención sobre el hecho de no poseer dicho mal origen ni más sagrado ni más divino que el resto de las dolencias. Algunos médicos locales, producto de universidades de provincia, creían aún por entonces que era la fiebre la que disolvía los coágulos de costra lardácea en la amigdalitis o las masas de flema de los pulmones en las bronquitis. El apostolado médico resultaba, pues, poco menos que inútil, si de lo que se trataba era de crear una conciencia capaz de poner a tiempo a los rústicos bajo el cuidado de la medicina.

Pasabas largas horas recostado en un taburete a la puerta del consultorio, viendo al sol requemar las calles polvorientas y a los aldeanos tambalear como sonámbulos al encontrar el cruce de corrientes de aire en las esquinas. De pueblos situados en la cresta de la montaña, bajaban culebreros y vendedores de específicos, que hacían rápidamente su agosto en la plaza. Cada cuatro años, los políticos hacían irrupción en los balcones de las casas señoriales, vociferando promesas y recabando los votos de los campesinos. Una vez elegidos, no volvía a vérseles por el contorno. El obispo pasaba de tiempo en tiempo, repartiendo bendiciones como si fueran óbolos. De resto, el párroco ejercía sobre la población influjo superior al del alcalde. A medianoche, enviaba espías a los lupanares para ver qué señorones andaban corriéndola con mujeres de la vida y chantajearlos, desde el púlpito, al domingo siguiente. Los extorsionados quedaban en paz con su conciencia y con el cura, enviando a éste viandas, gallinas y algunos guargüerones. Los indios, de fusca pelambre, morían de beber chicha de maíz fermentado en las noches dormidas bajo el croar y el chapalear de los bamburés. Un buen día, liaste los bártulos y regresaste a la capital. Habías resuelto abandonar la medicina.

Tenías veintitrés años cuando te afiliaste al partido. Su creación era todavía reciente y lograste asistir al Segundo

Congreso Obrero, al cual concurrieron delegaciones marxistas, liberales reformistas y anarcosindicalistas. Se convino la adhesión a la Internacional Sindical Roja y se creó una Confederación Obrera, cuyos efectivos fueron abaleados por el régimen conservador apenas unos meses más tarde. La huelga de ferroviarios, la de trabajadores del río, la de estibadores, fueron hitos de aquellas luchas por las cuales te desvelaste y fuiste a dar, varias veces, en presidio. El Tercer Congreso Obrero, por obra de la represión oficial, se celebró en uno de los patios de una prisión capitalina. Pero, a los cinco años, los cuadros de la izquierda estaban diezmados y casi todos los cabecillas habían tenido que refugiarse en el extranjero. Fue entonces cuando el partido acordó tu nombramiento como secretario general. De allí en adelante, la clandestinidad, la persecución... Hasta el día que Manuel del Cristo decidió organizar las guerrillas.

Respiraste hondo y volviste a andar hacia la ventana. Ahora las descargas habían cesado. Copos de nubes se aborregaban en el cielo tranquilo. Allá lejos, las viejas torres de la Universidad destacaban, aburiladas y esqueléticas, contra el crepúsculo. El recuerdo de tu adolescencia te oprimió el corazón. ¿Qué habías logrado con esta vida de renunciamientos? Ahora eras una especie de honorable reliquia, de lastimero carcamal en el inventario del partido. Un perfume imaginario se adhirió, de pronto, a las fosas de tu nariz. El perfume de una mujer...El único paliativo de tu soledad, esta soledad mordicante de libros y de objetos que se paseaba por el voluminoso armario, por las abejitas y rosetones de los muebles, por la alfombra turca de plegarias, por el reloj de pie con las manecillas señalando las seis y cuarto en números romanos... Pensaste en el hacinamiento de los cadáveres, en el cuadro de desolación que sería ahora el patio de los grifos y te sobrecogió un sentimiento de desesperación. Huir, mandarlo al diablo todo. Huir en un pájaro metálico por entre las nubes humedecidas, por el sol muriente, en tinturas de naranja. Pero no. El tiempo había pasado, todo estaba barrido....Nunca más aquel perfume sería otra cosa que una rancidez ilusoria en tus recuerdos. Un sedante mentiroso de tu soledad. Qué oscuridad la de esta noche del tiempo. Qué poca cosa somos y qué impiadoso el tiempo que se desliza, tortuga o lagartija, por las grietas y recovecos de nuestro espíritu. *El tiempo es un gran velo suspenso delante de la eternidad...*

V

—*Yo doy mi carne a los hambrientos; mi sangre, a los sedientos; mis huesos, para calentar a los que sufren frío. Yo doy mi dicha a los desdichados. Yo doy mi aliento a los moribundos. Yo sentiría vergüenza de no darme, y vosotros, verdugos míos atormentados, sentiríais vergüenza de rechazar mis dones. ¿Me sigues, Juan?*

—Te sigo, Javier.

El efebo desnudo se había arrodillado y fingía encontrarse en éxtasis. Pretendía tener ante sí a la diosa tántrica que le partiría la cabeza, le tajaría los miembros y abriría su vientre, para darlos a devorar a los demonios. El rito era, para él, una forma de catarsis, después de ser poseído sexualmente. Tú, Garibay, sabías de sobra que se trataba de un montaje incitado por la humillación, una forma de conjurar la vergüenza de haber sido poseído. Las palabras querían ser extraídas del libro sagrado del lamaísmo, pero tú sabías que se encontraban en alguna obrilla, más modesta, de Mrs. David-Nell. De todos modos, no ignorabas que, en el lamaísmo, estaban algunas de las fuentes del socialismo moderno, hijo acaso de los llamados tántricos de izquierda, que pretendían, apelando incluso a las vías revolucionarias, apresurar la aparición de la

Maitreya doble, el dios futuro, con un puñal en una mano y un ramo de paz en la otra.

–Que el esplendor deslumbrante de las promesas benévolas ilumine el mundo. Que este libro sea una promesa benévola; que la virtud y el bien triunfen del modo que sea.

Javier se retorcía, como si estuviese siendo devorado. Estaba lejos de ser él mismo la Maitreya, nacida de la Mar Fecundante bajo la forma de un efebo-niño Y tú sabías que, hacía ya más de un siglo, el Tashi-Lama se inició en la teoría socialista y creyó hallar en ella la perfecta realización de la vía tántrica de izquierda; en tanto que el Dalai-Lama, su rival, soporte de la vía tántrica de derecha, debió huir a la India a raíz de la rebelión popular propiciada en el Tibet por los lamas, luego de haber China Comunista dejado de reconocer su condición de jefe espiritual y temporal. El eterno enfrentamiento del *bodhistava* Amitabha y el *bodhistava* Avaloquitezvara.

Por tu parte, podías dejar a Javier que hiciera lo que a bien tuviera. Te repugnaba tener que regresar a él cada vez que, en la ingle, experimentabas ese enervamiento, mezcla de goce y angustia. Pero era el camarada que mayor devoción te exteriorizaba y te deleitabas imaginando que hubiera llegado a amarte. Compartía ese sentido ritualista de la vida, que observaste en tantos homosexuales. Fuera del Domo del Aguila, aquí, en tu apartamento hundido en mediastintas violáceas, se te antojaba mucho más humano y apetecible. De todas formas, algo te repelía en su olor característico, algo que crecía y sobresaturaba el ambiente una vez la posesión había terminado. Mejor, pues, que se entretuviera con aquel ceremonial y te dejara elevar en paz las volutas del pensamiento.

–¿Me sigues, Juan?

–Te sigo, Javier.

Comprender que, aquella tarde, Gedeón –ese otro adorador del Alma Universal, ese otro tántrico inconsciente– se había salido con la suya, era cosa que te llenaba de desasosiego. De días atrás, intuías que el proceso, a la postre, tendría que derivar por rumbos no previstos al comienzo. Pero, en verdad, el nuevo giro se pasaba de audaz. No tenías, desde luego, nada que reprocharte. Te cebaste como chacal en el pobre Santos Moreno, porque no quedaba otro remedio. ¿A cuento de qué Manuel del Cristo permaneció en la terraza oeste, como si esperase al asesino? ¿Qué papel jugó realmente Santos Moreno en aquel fenomenal embauco, del que nadie había conseguido formarse una idea clara? Acertijos para Philo Vance o Hércules Poirot, no para simples militantes del tantrismo izquierdista. A Santos Moreno se le notaba otra vez el nerviosismo. Los hechos –ya se sabía– no estaban desenvolviéndose según sus cálculos. Tuviste que cebarte en él a despecho de tus propios escrúpulos. Por nada del mundo hubieses deseado que la investigación tomase este curso, el que finalmente tomó. En estos momentos, milicianos sin sentido de las proporciones, monjes incrédulos del Buda Tántrico Azul, cumplían los designios de Gedeón. ¡Allá ellos! Tú te habías formado una idea bastante concreta y de allí que dirigieras baterías sobre el compañero canciller, cuyo «compañerismo» y cuya carrera parecían tan próximos a la defunción. ¿A qué altura de los acontecimientos apareció la resabiada mancha violeta, único indicio de la presencia de un impostor? El relato de Santos Moreno fue, esta vez, lo más conciso y claro posible.

Se imponía la conjetura: fue Angela Droz, y nadie más que ella, quien trajo a Manuel del Cristo a la terraza. Tampoco la heroína se atrevía a negarlo. ¿Motivos? No bien el caudillo cumplió con el protocolo de los saludos, era preciso sacarlo, como fuera, de la sala, para que, como jefe de Estado, no tuviese que abrir el baile. Hasta el momento, se ignoraba en el héroe este temperamento de *prima donna*. Mas no quedaba otro camino que reconocer que odiaba el ridículo y no tenía la más mínima desenvoltura para la danza. Era un hecho: Manuel del Cristo no sabía o no quería bailar. No discutir más este punto. Angela, en consecuencia, se limitó a cumplir sus deseos y hacer el papel del monosabio.

Ahora bien, ¿qué se le había perdido en la terraza al doctor Santos Moreno, canciller de la revolución, antiguo canciller de Jacinto Zumárregui, actual canciller (y acaso en desgracia) de Demetrio Canelas? ¡Qué trayectoria tan similar a la del príncipe de Talleyrand y, si se quería, a la del policía Fouché, la de este buen burgués, cuya carrera se hizo a golpes de suerte y a despecho de su torpeza de entendederas! ¿Qué se le había perdido en la terraza? Sin reticencias lo declaraba: se había sentido asfixiado en el salón y quería tomar un poco de aire. ¡Estupendo! Entonces vio venir hacia él a Manuel del Cristo, en uniforme de gala, conduciendo del brazo a una dama con disfraz de geisha, que no podía ser otra sino Angela Droz. Les salió al encuentro y dijo una estupidez acerca de la luna y los poetas, alguna frase digna de Espronceda y hasta de Javier. Manuel del Cristo lo interrumpió, como era de esperarse, con esa forma tajante que tenía de hacerlo, y le preguntó qué opinaba de las conversaciones que ya venían adelantándose, con Fergus Atkinson, respecto de las franquicias para el algodón. Santos Moreno inició una exposición, recargada por su habitual rimbombo. Y, en ese instante, a Angela Droz se le ocurrió la idea que fue como el primer acto del sainete: ir por tres copas de *Beaujolais* y que el trío reunido en la terraza brindara por la revolución. ¿No era la primera vez que ella, abstemia inexorable, proponía una libación? Ah sí, se trataba de una ocasión muy excepcional. El baile de máscaras, la noche, etcétera. Sí, sí, ¡estupendo!

Recreabas las imágenes, Garibay, con una sonrisa a punto de aflorarte a los labios. Angela Droz salió por los *Beaujolais* y los hombres permanecieron hablando al aire libre. Manuel del Cristo dejó ver un poco de disgusto en relación con algunas exigencias de Fergus Atkinson. Pero, en el fondo, Santos Moreno advirtió optimismo en sus palabras. A poco aparece Angela con las copas, siempre enmascarada, pero no trae sino dos y parece sorprendida de ver allí al ministro. El caudillo ríe y le dice que no sea tonta, que prometió traer tres *Beaujolais* y no puede haber olvidado a Santos Moreno. Le pregunta si ha decidido perseverar en la abstención y ella no sabe qué responder, pero oculta muy bien la turbación tras la enorme máscara japonesa. En ese momento, la geisha se sitúa bajo la luz de un reflector y el héroe recibe una sorpresa desagradable: el disfraz, que con tanto primor ordenó arreglar para ella, muestra una grande y extraña mancha violeta en la falda del kimono, una mancha que no existía hasta el instante en que fue por el vino. Le pregunta de dónde salió, cómo pudo aparecer allí, pero la mujer balbuce algo ininteligible y se apresura a ir por el tercer *Beaujolais*. En este clímax del relato, tan perentoriamente exigido por ti a Santos Moreno, Gedeón Núñez resuelve suspender hasta el día siguiente la vista del proceso, so pretexto de practicar algunas pesquisas a pedido del jurado.

¡Maravilloso! Sabías muy bien lo que se dejaría venir. Salvabas tu responsabilidad. Había en tu razonamiento nubecillas que enturbiaban la claridad de los hechos, pero de algo estabas seguro: las pesquisas de Gedeón arrojarían resultados negativos y esto empeoraría la situación de Angela Droz. Una duda te enervaba aún más: ¿estabas en contra o a favor de la guerrillera? Acaso sentías, hacia ella, un impulso de piedad. Su niñez desgraciada, sus servicios a la causa, la circunstancia de haber perdido a Manuel del Cristo, a quien tanto amaba. El saber que, si de veras lo mató, lo hizo traicionando sentimientos muy profundos, hiriéndose a sí misma hasta más allá del límite de la resistencia. Todo esto te conmovía. Pero, ¿estabas a favor o en contra? Una semana atrás, habías solicitado un examen del disfraz de geisha mediante rayos ultravioleta. Te asaltó la sensación de que la mancha podría aparecer o desaparecer bajo ciertos efectos de luz. Palmo de narices. La mancha –que vieron no sólo Manuel del Cristo y el canciller, sino también el ujier Escilárido Baena–, la mancha no existía en absoluto. La mancha, era evidente, pertenecía a otro disfraz, y esto reforzaba la hipótesis alrededor de la existencia de una segunda persona, el asesino, que copió el atuendo de Angela y desempeñó, casi a la perfección, su papel. Por lo demás, ¿no registró la guardia miliciana hasta el más miserable recoveco del palacio, por encontrar el revólver que se utilizó en el asesinato? ¿De qué arma procedía aquella bala que perforó el pecho del caudillo? ¿Dónde podía el asesino haberla ocultado? Era, sin duda, otro punto a favor de la guerrillera. Aunque también, por supuesto, punto a favor de todos los presentes en la fiesta, a muchos de los cuales les fueron encontradas, esa misma noche, armas de diferentes especificaciones, ninguna, sin embargo, con las características de la bala homicida. Los asistentes al baile de máscaras, incluída Angela, permanecieron en el palacio todo el tiempo que les fue ordenado, sin que ello contribuyese en nada al esclarecimiento de los sucesos.

No obstante, las nubecillas persistían en tu cerebro. Se te antojaba todo tan artificial, tan rebuscado. Te arrellanaste mejor en el cojín, al nivel del piso, y volviste a encender la pipa de porcelana, antigualla holandesa que conservabas –y cuyo uso te relajaba y te ayudaba a pensar– desde los años de tus tejemanejes aduaneros. El humo se dispersó por la habitación en volutas azulinas, tan similares a las del pensamiento. Danzó una danza lenta y ondulante, especie de tripudio ritual, por entre los móviles tubulares que colgaban del cielo raso y hacían música de tintineos al menor roce; encima de los santos quiteños y las figulinas de madera, productos de una modernísima anticuaria. Una danza lúdica que llegó a simular entreveros de amantes, lémures de ensueño, florestas emblemáticas, desvaimientos de bayaderas en el aire. El aire, la Claridad Verde, iba diciendo Javier. El monje Milarepa impostando la voz de Padmasambhava. La verde claridad volvió a hacerse en tus pensamientos, disipando las volutas azules. Siempre aquella noche, los viejos leones del comité central, derrumbados en silencio, con una copa de vodka en la mano, ante el aparato de televisión recién desconectado.

También había volutas de humo en la habitación. Volutas que daban a la contraluz, que rebordeaba magníficamente el contorno de Angela, el efecto de un halo que envolviera el cuerpo glorioso de una pitonisa.

–Aquí –dijo la guerrillera– murieron nuestras esperanzas. Dicen que las razas de buena sangre tienen el cojón prieto, pero yo no veo sino aguachirle en las arterias de nuestro partido.

–¿Qué podemos hacer? –inquirió Gedeón–. Dimos a Manuel del Cristo poderes extraordinarios y nos comprometimos a acatar su mandato. Ahora tendremos que ir adonde quiera conducirnos. Al fin y al cabo, sabemos que obra de buena fe.

–El que lanza una piedra a lo alto, suele recibirla sobre la cabeza –insistió Angela, siempre con aquel aire sibilino–.

A Manuel del Cristo lo dejamos demasiado solitario en la cumbre y en el vértigo de su caída va a suscitar una avalancha que nos sepultará a todos. ¿Vamos a cruzarnos de brazos sabiendo que se nos viene la avalancha?

–¿Qué podemos hacer? –repitió Gedeón.

–Bajarlo antes de que lo baje el vértigo –dijo fríamente la mujer.

Sobre los viejos leones gravitó una suerte de irresoluta pesadumbre. Un mismo pensamiento debió taladrarles la conciencia. El de los sacrificios, las abnegaciones, los renunciamientos de Manuel del Cristo, cuya única meta era el poder; el poder que, ahora, parecía hacer de él un pelele zarandeado por las fatalidades de la economía moderna, un mal marinero que ve ladearse la barca y pretende enderezarla haciéndole presión por la borda, pero desde dentro. Gedeón inclinó la cabeza e hizo chasquear la lengua.

–¿Pero es que no comprendes, Angela –indagó–, lo que Manuel del Cristo significa para nosotros?

Y, apurando de un sorbo la vodka, con la tristeza ennobleciendo aún más el rostro sexagenario:

–Representa nuestra mejor carta; el dominio sobre la masa. Sin él, el pueblo perdería la fe y se hundiría en la desesperanza. Con mayor razón si quienes propiciáramos su derrocamiento fuésemos nosotros. Sería como cantarnos idiotamente el gorigori. Daríamos la impresión de andar enzarzados en una rebatiña por el poder. ¿No lo comprendes?

–Lo único que sé –dijo ella sin mirarlo– es que, si gracias al apoyo de las confederaciones de obreros de la capital, pudimos un día asumir el timón del gobierno, lo hicimos para realizar una revolución. Manuel del Cristo la traiciona y no merece representarnos, ni a nosotros, ni al pueblo que puso en él su esperanza. Piensen ustedes lo que quieran. Es mi punto de vista.

–No niego, Angela, la razón que pueda asistirte –intervino entonces Demetrio Canelas–, pero Gedeón nos ha dado argumentos de solidez. Caído Manuel del Cristo, el pueblo nos retiraría su respaldo. Es un hecho. No nos queda sino esperar.

–Esperar... ¿otros catorce años? –ironizó Angela.

–A veces –sentenció Gedeón– las revoluciones hay que hacerlas dando dos pasos adelante y uno atrás. Improvisando un poco, como lo quiere Manuel del Cristo. El nos ha pedido fe y, hasta ahora, jamás nos traicionó. No lo traicionemos nosotros, ¿verdad, señores?

Un silencio sombrío refrendó la anuencia de los viejos leones. Caso juzgado. Angela paseó sobre ellos la altanería de su mirada; luego atravesó a grandes zancadas el aposento y salió dando un portazo. Transcurrieron segundos de nervioso mutismo, antes de que la puerta volviera a abrirse y el rostro de la guerrillera asomara para decir:

–Gasto inútil de jabón, querer lavarle la cabeza a un burro.

Y diera un segundo portazo. Gedeón y sus colegas hundieron la mirada en el suelo. Acaso se sintiesen un poco cobardes. Acaso comprendiesen la grandeza del gesto de Angela, que proponía el derrocamiento de su propio hombre. Tú, Garibay, preferiste seguirles la corriente y callar. No estabas, a la postre, muy seguro de tu autoridad moral. Aquella noche se echaron los dados y se jugó la suerte final. ¿No era obvio que, por eso y sólo por eso, la memoranza te asediaba cada vez que tratabas de arrojar un poco de claridad sobre los acontecimientos del baile de máscaras?

–¡Juan, no me sigues! –exclamó Javier, en el colmo del desconsuelo.

–Ni te seguiré por algún rato –dijiste, dejando aflorar a tu rostro, no la sonrisa que hace unos instantes parecía flotar en tus labios, sino la preocupación que te embargaba–. Arréglatelas solo por unos minutos. Hay algo que deseo saber y lo sabré ahora mismo.

Sacaste de un bolsillo la libreta de apuntes. ¿Cómo esperar más de catorce horas para enterarte del éxito o el fracaso de la pesquisa ordenada por Gedeón? No. Era cuestión de saberlo de una vez. Tus ojos recorrieron con morosidad las seis cifras del número telefónico. A estas alturas, el viejo león estaría al corriente de todo, mientras tú, el fiscal del pueblo, marchabas todavía al garete por este mar de fondo de la conjetura. Que se suprimieran las reservas. Lo llamarías, así te cascase en las narices la inoportunidad de la hora. Pero...

Pero sin duda, Gedeón (consultaste el reloj de pulsera y viste allí, bien dibujadas, las once de la noche...), sin duda, Gedeón dormiría a estas horas a la sombra de las hayas de su conciencia virgiliana. El viejo zorro.

Dormiría a estas horas, porque era hombre de tranquila conciencia. La reflexión te inspiró un malestar de vísceras y no pudiste evitar el arrojar, de improviso, una mirada de desprecio sobre el gitón abominable que se retorcía en el centro de la sala, atrayendo sobre sí la furia de las ciento ochenta *hutuktus,* de la jerarquía tántrica que encarnaba a las potencias divinas.

El proceso se reabrió a las dos de la tarde. Un fulgor felino, Gedeón, una chispa gatuna brillaba en tus ojos de abuelo, al ocupar tu sitio, dispuesto a liquidar cuanto antes aquel enredo de los mil demonios. Ahora, todas las claves estaban sobre la mesa y el veredicto del tribunal del pueblo no daría margen a reproches. La justicia revolucionaria saldría airosa y Atkinson y la camada de lobos de la prensa reaccionaria, que ululaba en inmediaciones de la Suprema Corte, tendrían que tragarse los mocos y con ellos toda la garrulería que desplegaron a lo largo de estos días.

Sabías que deberías armarte de paciencia para conducir a buen término esta sesión, que necesariamente sería la última. Garibay se hallaba al acecho. Aguardaba, no más, oírte declarar reabierta la vista, para hacer valer el uso de la palabra, cuyo derecho le quedó reservado el día anterior. Habría, fatalmente, que oírlo. No bien pronunciaste la fórmula de rigor, lo interrogaste con la mirada. Era mejor no desairarlo. Que llevara sus intuiciones hasta el fin. Tú tenías el as del triunfo en la mano.

–Gracias –dijo Garibay. Se lo advertía demacrado y nervioso, como bajo los efectos de una noche de insomnio: –Supongo que el presidente de este tribunal tendrá revelaciones de mucha trascendencia que hacernos esta tarde. En buena hora. –Puso en estas palabras un dejo de sarcasmo que era, al mismo tiempo, la confesión de su derrota–. Pero me parece indispensable, en aras de futuras averiguaciones académicas sobre los hechos materia del expediente, acabar, antes que nada, de escuchar la versión minuciosa del doctor Santos Moreno. Espero que nadie se opondrá a este requerimiento del gobierno revolucionario.

La sala estuvo de acuerdo. El muy taimado de Garibay había advertido, sin duda, el brillo gatesco que tratabas de recatar entornando los párpados. Pero comprendías su posición: quería despejarlo todo de tal manera que ni una sola nube volviera a empañar la argumentación final. Intención por demás plausible que, una vez más, te forzaba a admirarlo y que, acaso, te llenase el organismo de náuseas y repugnancias sin punto de ubicación.

¿La de hoy sería, Gedeón, una victoria o, más bien, el principio del fin de esta gesta, de este episodio revolucionario que acariciaste durante tantos años? ¡Qué podía ya importar! Harías lo que considerabas tu deber y ni una palabra más. La vida era una cadena de engaños, una acumulación de mixtificaciones y tú podrías decir algún día, te creyeran o no, que si pudieras recomenzar tu carrera, volverías a hacer lo que habías hecho. De todos modos, poco valía lo que se hiciese o dejase de hacer. La conciencia venía a ser, a la postre, una regla acomodaticia. Hicieras lo que hicieras, acabaría remordiéndote. ¡Hacer, entonces, lo que dictaran el diablo interior y el estado del tiempo!

El doctor Santos Moreno parecía compartir la sensación de ansiedad, el acuoso desasosiego que crispaba a las personas reunidas en torno de la mesa. Estaba pálido como el papel y escrutó a Angela Droz –la única cuya serenidad llegaba a desconcertar–, antes de reanudar el relato de los hechos. El buen camarlengo, tu viejo amigo, sabía que jugaba su carta postrera. Las manos le temblaban; sus ojos eran dos masas azogadas, que daban la impresión de esforzarse por contener un desate de llanto. Por un momento, los sucesos del baile de fantasía cobraron vida en tu cerebro, Gedeón, se hicieron manoseables y reveladores.

–Pero, tonta, ¿dónde tienes la cabeza? –rió Manuel del Cristo–. Habíamos convenido que brindarías con nosotros. ¿Dónde está tu copa? ¿Te empeñas en abstenerte o simplemente olvidaste que estaba con nosotros el bueno de Santos Moreno? ¡No has traído sino dos *Beaujolais!*

La geisha estaba turbada, pero lo ocultaba muy

bien bajo la enorme máscara. Parecía sorprendida por la presencia del canciller. Trastabilló un poco y les extendió las copas, situándose, para hacerlo, bajo el reflector de la terraza. Santos Moreno tomó la suya y Manuel del Cristo lo imitó. De pronto, la risa se le congeló en los labios.

—¿Y esto? —preguntó con alarma—. ¿Cómo pudo arruinarse el disfraz de esa manera? ¡Esa mancha, Angela! ¿Dónde la conseguiste? No estaba allí cuando fuiste por los vinos.

La mujer se inclinó, como si no supiera de qué se le hablaba, pero se cuidó de no articular palabra.

Entonces observó, a través de las hendiduras oblicuas del antifaz, la mancha violeta que inundaba la falda del kimono y retrocedió como empujada por el miedo.

Murmuró algo y dejó entender que iría por la tercera copa.

—Pero, ¿qué le sucede? —dijo, más bien para sí que para el canciller, Manuel del Cristo—. Nunca estuvo tan torpe. Volver con dos copas y con esa mancha. El disfraz era un primor cuando se lo entregué esta tarde.

Santos Moreno prefirió no opinar. Probó un sorbo de *Beaujolais* y depositó la copa sobre la baranda. Por decir algo, reanudó la conversación interrumpida por la mujer. —Creo que Atkinson terminará haciéndose más maleable —opinó, sin verdadero interés en el tema—. Al fin y al cabo, Washington teme que las potencias socialistas emplacen proyectiles balísticos en nuestro territorio y agotará los esfuerzos para retrotraernos a su órbita.

—¡Dejar que una mancha así le estropee el disfraz! —insistió Manuel del Cristo—. Una torpeza indigna de ella.

En aquel instante, la geisha reapareció. La orquesta acababa de atacar el minueto de Exaudet y, a través de la puerta, podía verse a las parejas entretejer los primeros pasos.

Esta vez, Angela traía tres copas.

No fue ahora sólo Manuel del Cristo, sino Santos Moreno quien tuvo también la sensación de hallarse ante un jeroglífico. La mujer les alargó las copas y no ocultó su sorpresa al advertir que estaban ya servidos.

–¿Cómo? –indagó, con muestras de sorpresa–. ¿Se acercó por aquí algún camarero? ¡Pero si ustedes sabían que yo había ido por los *Beaujolais*! ¿Tanta prisa tenían?

El caudillo simuló un gesto de exasperación.

–¡Angela! ¡Definitivamente perdiste el seso! ¡Tú misma acabas de...!

Calló de pronto. Sus ojos observaron, con un frunce de ceño, la falda del kimono. Santos Moreno ya lo había notado: la mancha no estaba ahora.

–¿Cómo hiciste para hacer desaparecer tan pronto esa mancha? –preguntó Manuel del Cristo, escrutándola y observando de hito en hito al canciller, a quien el asunto empezaba a resultarle divertido–. ¿Una mancha tan descomunal, cómo hiciste?

Angela lo miró con asombro y bajó la vista para examinar el disfraz.

–¿Cuál mancha?, –inquirió, sin darle mucha importancia.

Había colocado las copas sobre la baranda. Apuró el *Beaujolais* y remedó los pasos del minueto. Evidentemente, no tenía la menor idea de cómo bailarlo.

–Doctor Santos Moreno –dijo de improviso–. ¿Me haría usted el honor de bailar conmigo el minueto? Me fascinó desde el día que oí a la orquesta ensayarlo.

–El honor es para mí –accedió con gusto el canciller. Era la primera vez que veía a Angela con talante tan alegre. Había sacado un paquete de cigarrillos del disfraz de arlequín y, visto que no podría fumar, alargó uno a Manuel del Cristo. El caudillo lo prendió con su propio encendedor.

–Vayan –instó–. Vayan, disfruten del baile, hagan como que no existo. Los esperaré aquí. Un cigarrillo no cae mal para reflexionar.

–Fue –reiteró Santos Moreno– la última vez que lo vi con vida. Parecía un poco triste cuando nos vio alejar. Lo demás, será cosa que deba esclarecer el jurado. Ya les dije que la señorita Droz, si llegó a bailar conmigo, fueron sólo unos compases. Me pidió esperarla mientras iba al tocador de mujeres. Luego vino el ujier... Regresé a la terraza. Tropecé, como ustedes saben, con... bueno... con el disfraz de geisha. No pude arrancarle palabra, pero observé otra vez la mancha violeta en la falda del kimono. Entonces avancé y encontré el cadáver de Manuel del Cristo.

Podías imaginarlo, Gedeón. Manuel del Cristo viéndolos alejarse, intuyendo tal vez que se aproximaba la hora fatal, lleno de esa tristeza delicuescente de quien, por carencia de habilidad, ha de permanecer solo mientras los otros se divierten sin pensar en él. Aspira una, dos, tres veces el cigarrillo. Avienta el humo, a modo de desafío, hacia el vacío de la noche, mira cómo se tuercen las espiras, cavila, se deja bañar por el óxido de plata de la luna... Medita quizás en la vanidad del poder. ¿Quién lo sabe? Intuye que el poder, a veces, oprime peor a quienes lo ejercen. Piensa, otra vez, que no es bueno mirar de dónde se viene, sino adónde se va. Experimenta un ápice de desesperación. Maldice a la luna y a la noche. De pronto, ve venir a la geisha, con la falda llena de la gran mancha violeta, y sabe que han sonado las campanadas del destino. La espera con resignación: comprende que la muerte, esta noche, ha vestido un cultísimo atuendo del Mikado, un solícito atavío que, a la vez, representa la gloria del Sol Naciente y el ocaso romántico de su madre, bailando el minueto en el último baile de máscaras, como en una brillante alegoría de madre-muerte-geisha-inmemorial, metáfora del devenir y del eterno recomenzar... Quizá, llegada ella a su lado, intenta alzar la máscara para besarla: hay que besar a la muerte antes de dejarnos poseer, antes de naufragar en sus brazos. El disparo, ahogado por los sones del minueto, lo hunde de un tirón en el pozo sin fondo de la nada, en el oscuro vientre que vomitará su espíritu hacia la luz infinita. Un último pensamiento... ¿hacia quién, hacia qué? La geisha se vuelve por donde vino, guarda el revólver en el kimono, tropieza con Santos Moreno, sin pronunciar palabra se pierde entre el gentío danzante...

Ahora, Gedeón, te correspondía rubricar la coda de este movimiento final; ponerle, como quien dice, el nema, el lacre, la marca de fábrica. Juan Garibay peroraba todavía, con inconvincentes exhortaciones al jurado para que obrase movido por altos ideales. Aguardaste, con paciencia, el remate de aquellas palabras oficiosas e inútiles. Entonces te pusiste de pie, los observaste a todos con el brillo gatuno en los ojos, como si por ellos destilaras ironía y amargura, y hablaste con la sensación de que tus palabras eran articuladas por un sosías grotesco, una sombra que calcaba tu voz y la derramaba, como triaca del diablo, sobre la soñolencia y el ensimismamiento del auditorio:

—Agradezco al fiscal del pueblo sus exhortaciones al tribunal —dijiste—. Pero es el caso que la presidencia posee ahora pruebas incontrovertibles de la inocencia de la señorita Droz. En todos nosotros ha persistido, a lo largo de varios días, la impresión de que alguien se valió de un disfraz idéntico al suyo, con la sola diferencia de la mancha violeta, para hacer recaer sobre ella las sospechas. Pues bien. Ayer tarde la guardia miliciana logró encontrar por fin ese disfraz...

Hubo un sobresalto, casi de júbilo, que sólo Garibay y la propia Angela no compartieron.

–¡Acabe usted! –gritó alguien–. ¿Dónde fue hallado el disfraz?

–Mi corazonada –explicaste, dando a las palabras una cadencia de fatiga– no resultó errónea. El disfraz fue hallado en la casa de campo de los Guzmán Apráez, oculto en uno de los pisos del tejadillo del palomar. Presenta una mancha causada por un colorante del grupo del trifenilmetano, cuya mezcla con la tela produce un efecto violeta. Ante este tribunal, el fiscal deberá mañana instaurar un proceso, por el asesinato de Manuel del Cristo, contra Cristina de Guzmán Apráez, habitante de dicha residencia en la actualidad y sobre quien recaían fuertes sospechas dadas las amenazas que, el día de los fusilamientos, profirió contra nuestro caudiilo.

–¡Gedeón! –aulló Garibay–. ¿No estás desvariando? ¿Es que has olvidado la existencia de un elemento llamado el fuego? ¿Dónde está tu sindéresis?

Algunos rieron, imaginando que el fiscal aludía al fuego del infierno. Tú, Gedeón, no ignorabas a qué se refería.

–El disfraz –continuaste, siempre con aquel dejo de cansancio– muestra a las claras la mancha, ya analizada, como dije, por el laboratorio, y que vieron Manuel del Cristo, el doctor Santos Moreno y el ujier Escilárido Baena. Pero hay algo más.

Hiciste una pausa, durante la cual un enjambre de miradas te buscó el centro del alma, que sentiste corroída como por sublimados cáusticos.

–Algo más. En el mismo compartimiento del palomar, fue hallado también un revólver cuyas estrías coinciden perfectamente con las de la bala asesina. Pido, pues, al fiscal del pueblo, retirar cuanto antes las acusaciones que obran en este tribunal contra la heroína Angela Droz, para quien pido una aclamación.

–Gedeón –interrumpió todavía Garibay, a quien la cólera hacía temblar las muñecas–, ¿se puede saber a qué clase de matrícula corresponde el revólver encontrado en el palomar?

–Sin matrícula –respondiste, con flema–. Arma entrada clandestinamente.

La ovación fue cerrada. Te derrumbaste, buen amigo, sobre la silla, con todo el peso de tus años y de tus congojas. Garibay se alzó lentamente de la suya, todavía con aquel temblor de muñecas, y procedió a retirar los cargos. Su palidez era aún mayor que la de Santos Moreno. Su voz sonó desgarrada y trémula. Los miembros del tribunal estrecharon la mano de la heroína y comenzaron a marcharse. Era como el final de un aburrido entremés y todos querían irse a casa. Santos Moreno te dirigió un elocuente ademán de despedida, una especie de adiós cifrado y definitivo, un adiós de eternidad, y salió tambaleando, como si lo agobiaran presentimientos de ultramundo. Garibay ni siquiera se despidió: echó los legajos bajo el brazo y anduvo con garbo viril, inusitado en él, hasta desaparecer bruscamente por el pasillo. No quedaron en la sala más que tú y Angela Droz.

–¡Y bien, hija mía! –suspiraste–. Esta fiesta terminó. Podemos ir tomando camino.

Salieron juntos y se encaminaron por el dédalo de pasadizos del antiguo edificio. Angela marchaba taciturna, como herida también por pensamientos funestos. Se abría ante ella la vida, una lontananza erizada de augurios. El baile de máscaras quedaba atrás, hundido en un pretérito de tinieblas, cuyos enigmas los barrería la furia del viento. Atrás quedaba Manuel del Cristo, animando a los hombres que se desbarrancaban por las pendientes gredosas; Manuel del Cristo en el palacio de los presidentes; Manuel del Cristo en la pantalla del televisor; Manuel del Cristo junto al lecho de baldaquino; Manuel del Cristo en la terraza oeste...Todo quedaba atrás. Su pasado, que tan bien conocías, Gedeón, lleno de muecas y conjuros de muerte. Su pasado que había signado el maleficio. El pasado de Angela. Su madre, viuda de varios años y sirvienta otros tantos en una mansión de aristócratas, exhalando la vida entre las tenazas de hierro de la tuberculosis. La orfandad prematura. La noche en que el aristócrata resolvió violarla, como a Algalia el arzobispo virrey, aprovechando de su inocencia y su desamparo. El grito que traspasó las sombras, al sentir, entre sus muslos de niña, la fuerza de aquel gusano henchido de sangre. Su huída a campo traviesa. Su reclusión en un asilo de niñas dementes, a instancias del aristócrata que imputaba sus acusaciones como producto de una precoz locura. Los largos años durante los cuales luchó para no naufragar, como sus compañeras, en el delirio. Los tratamientos de choque eléctrico, las camisas de fuerza, los interrogatorios. El cura que se presentó para hacerle un exorcismo. Su redención final, gracias a la intervención de un médico, que era en secreto militante del partido, y quien la colocó, después de mucho discutir con las autoridades del frenocomio, bajo la tutela tuya. La pendiente de sus años de adolescencia durante los cuales mamó aquella savia transmutativa y resolvió consagrar su vida a la lucha contra la opresión.

Ese pasado que te hacía quererla como a una hija. También admirarla. Luego, su abnegación en la guerrilla y su intimidad con Manuel del Cristo. Largos años durante los cuales no la doblegaron ni los horrores de la manigua ni la esterilidad de la lucha. Una mujer dada en cuerpo y espíritu al ideal. Muerta quizá para la vida, pero con los ojos muy abiertos hacia el confín donde se multiplicaban sus esperanzas. Confín que limitaba, sin embargo, un rótulo bien claro, un rótulo con las ocho letras de la palabra *política*, cuyo sentido parecía transmutar y colmar de significados mesiánicos. *Política*, Gedeón, también el motor de tu vida. Y, sin embargo...

¿Redimiría al hombre la política? Lo pensabas mientras marchabas por los corredores, siempre al lado de Angela, que callaba auguralmente. ¿Hallaría el hombre en la política el consuelo que, en otros tiempos, le dieron la metafísica y las artes o el que, al menos, le deparó la filosofía práctica? En aras de la política, el hombre abjuró de la religión. Creía intuir, en esta última, sólo un instrumento para forjarle un concepto paternalista del universo y forzarlo a aceptar, como buenas a los ojos de Dios, las diferencias sociales en las cuales se fundaba la institución de la servidumbre. Mas, al repudiar a la religión, al cambiar un opio por otro, la humanidad renunció también a la metafísica. Las artes perdieron entonces su razón de ser, dejaron de considerarse instrumentos del demiurgo para convertirse en otro sistema de producción a escala industrial. Nadie hallaría hoy, en una sinfonía, en un poema, la clave del universo. Se antojaban productos industriales en la medida que lo eran las píldoras para dormir, los autos deportivos o las películas de acción. Y sólo quedaba, para dar la clave del hombre y del universo, la teoría política, dueña y señora de una ciencia esclava, y en la cual la explicación de la historia se supeditaba a los hitos paralelos del acontecer económico.

¿Redimiría al hombre la política? ¿Encontraría en ella la razón final de sus luchas, el sentido de su existencia? En otras palabras, cuando la humanidad, en su conglomerado, pudiese disfrutar las ventajas de la igualdad social y económica, cuando cada cual poseyera casa propia, automóvil, televisor, y ganara según sus capacidades y necesidades, cuando la ciencia nos hubiese revelado la estructura física del universo, ¿sería entonces feliz el hombre? ¿Habría concluído la angustia que lo llevó a caricaturizarse en los gigantes de Brobdingnag o en los hombres de Luggnagg o que engendró los monstruos presurrealistas de *El Jardín de las Delicias*? ¿Habría dejado el hombre de ser un lobo para el hombre?

Ni dieu, ni maître, había dicho Jean Grave. Una idea de la libertad como fin supremo de todo desenvolvimiento humano, a la manera de Bakunin, seguía nutriendo las utopías de nuestro siglo. En pos de esa quimera marchaba la juventud, que hoy se dejaba hipnotizar por la memoria mixtificada de hombres como Manuel del Cristo –hombres y no semidioses–, como en otros tiempos se dejó embaucar por la verba brillante del dóktor Goebbels. No comparabas al uno con el otro. Pensabas tan sólo que actuaban sobre la masa con un mismo efecto de seducción y fanatismo. La indiferencia política era pecado que hoy nadie perdonaba. Tú mismo, Gedeón, jamás te inclinaste a excusarla. Y la juventud empezaba a preferir la idolatría a la tibieza.

En medio de todo aquello, ¿qué papel conservaban el arte, la literatura, como testimonio? ¿Anticiparse a los acontecimientos? ¿O meramente registrarlos? ¿Tenía algún sentido, todavía, esa labor que se realizaba en los órganos ideológicos del partido, en las prensas de las grandes editoriales o en la soledad de los gabinetes? ¿Esa labor de la que participaste con tanto ardor, identificándola con la agitación política, que fue el objeto de tu vida? ¿De qué servía escribir, inflarse de palabras que sólo se transmitían al papel –culto al papel, al fetichismo, que dijera Pasternak; *esfuerzo sacrílego,* en Kazantzakis que lucha con su Gran Pantera? ¿De qué servían pintar, componer? ¿Qué utilidad podía tener esta obsesión, este delirio de ir consignando, por medio de la escritura, de los trazos, de la notación musical, lo que episódicamente pensábamos del mundo, lo que el mundo dejaba o sedimentaba en nosotros y que, a la vuelta de unos meses, no sería ni la sombra de una ilusión, de un presentimiento erróneo, ni el eco de un gesto vanidoso?

¿De qué servía trabajar informándose, descifrar los designios del presente, escudriñar el futuro, fatigarse en la exégesis de lo que habría de ser? ¿En cuántas equivocaciones no incurríamos, en cuantos errores deflagrados por los hechos, desenmascarados por el paso de los días? ¿Qué quedaba de la actividad cotidiana, de lo que imaginábamos luminosa previsión, de lo que nos vedaron decir porque era demasiado verdadero y, a la postre, resultó tan falso que dio vergüenza haberlo pensado?

He allí, pensabas, el fracaso de nuestro tiempo. Devorados por lo episódico, renegábamos de lo absoluto. De unos años a esta parte, cualquier glosador de los acontecimientos, cualquier comentarista de prensa, había de tener la apabullante impresión de que cualquiera de sus previsiones, a la vuelta de dos meses, se habría convertido en irrisoria fabulación, contradicha y contrahecha por el tiempo, porque no fue lo bastante descabellada para insertarse en la realidad, esa realidad que aguardaba tranquilamente en la esquina de más allá. Tuviste la sensación, en aquel momento, de que todo lo realizado por el hombre, a través de los siglos, de pronto quedaba reducido a un miserable montón de literatura.

Pero quedaban, Gedeón, las huellas de la lucha ¿Acaso nuestros cálculos, por erróneos que fuesen, no servían también para imprimir otra dirección a los hechos, para sacarlos del cauce que llevaban y precipitarlos por el despeñadero de la historia? Eramos –a lo mejor– demasiado optimistas –o ingenuos– respecto de nuestro poder. Pero quedaban las huellas. Y, en el turbión de nuestra vida, serían quizá la sola prueba de que no quisimos desfallecer, de que albergamos una esperanza y de que marchamos con la caravana, mustia o reverdecida, de los días, no importa que éstos, de repente, empezaran a desplazarse con mayor velocidad y nos dejaran en el pasado, al filo del tiempo, como una gran bandada de pájaros que nada quiere saber de sus hermanos rezagados.

¿Redimiría al hombre la política?

Te detuviste de improviso y clavaste en Angela Droz la mirada gatuna, tu mirada que, por tanto tiempo, sólo irradió bondad, pero que ahora, herida por fatalidades que únicamente tú conocías, parecía querer vomitar las heces de tu desencanto, la fuerza que, en vano, seguiría alentando tus batallas en favor de los desvalidos del mundo. La mujer comprendió tu intención y esperó con aplomo tus palabras, envolviéndote en el poder, pero también en el sufrimiento, de sus ojos. Tu gesto era de amargura, casi de desesperación. Sentiste infinita lástima por ella cuando arrojaste la pregunta, como un gargajo afrentoso.

–Angela –dijiste–, ¿cuándo resolviste asesinar a Manuel del Cristo? ¿En el momento en que comprendiste que las conversaciones con Atkinson habían tomado un cariz irreversible? ¿Verdad que sí?

Viste cruzar, por sus ojos, una momentánea humedad. Te agradecía en el alma aquella inquisición improvisa, aquellas palabras que le permitirían, por fin, vaciar su espíritu.

–Gedeón –balbuceó–, has sido demasiado bueno... Sé que comprendes cuán doloroso fue todo para mí.

La ira te invadió en ondas concéntricas.

–¡Demasiado bueno! –aullaste–. ¿0 demasiado reflexivo? ¿Imaginabas que, por culpa de una chiquilla como tú, iba a dejar zozobrar la revolución? ¿Iba a permitir que nos arrojaran baldón canallas como Atkinson o como los perros de la prensa? ¿Eso creías? Pues bien, durante todos estos días has estado insultando a mi inteligencia, a la de Juan Garibay, a la de Demetrio Canelas, con las patrañas infantiles que urdiste a fin de achacar el asesinato a una pobre viuda. ¿Nos tomaste por imbéciles? Ninguno de nosotros creyó jamás en tu inocencia. Todo tuvo demasiada filigrana, demasiado arabesco para que lo tragáramos. El juego de disfraces, todo ese montaje teatral, lleno de efectos de luz y color. ¡«Fioritura en la técnica del crimen», dijo Garibay! Qué fenomenal tontería. De no ser tú la asesina, ¿de dónde iba a salir esa mancha idiota? Una mancha hecha, con toda intención, mediante la aplicación de azul de anilina, a fe mía. ¿Y de dónde ese deseo súbito de tomar *Beaujolais*, una abstemia medio gazmoña? ¿Las entradas y salidas con precisión de coreografía? ¿El arranque de bailar el minueto y la necesidad repentina de ir al tocador de mujeres? ¿El envío del ujier Baena, con el solo propósito de que Santos Moreno te viera salir de la terraza y volviera a observar la mancha violeta? ¿De dónde iba a conocer cualquier otro asesino que se habían propuesto beber *Beaujolais*, mientras simultáneamente ignoraba la presencia del ministro de relaciones en la terraza? Supongo que comprendiste lo que, hace unos momentos, quiso Juan Garibay decirme con aquello de «¿has olvidado la existencia de un elemento llamado fuego?». Se refería, a secas, a la estupidez que, por parte de Cristina de Guzmán Apráez, habría supuesto el no quemar la copia del disfraz. El meterla en ese palomar de mierda, nada más que para que la encontráramos. ¡Un revólver sin matrícula! ¿Es que me crees tarado, al punto de no saber que tienes acceso a las armas en decomiso, aun antes de que pasen por la diligencia del registro? ¡Cuando pienso que hiciste asesinar a Escilárido Baena, en momentos en que iba a declarar a tu favor, sólo por crear la imagen de una conjura contra ti, se me eriza la piel! ¡Qué teatro más abominable, niña mía! Si quieres que te confiese una verdad, aquí la tienes: lo único que me deja perplejo es la audacia del plan y unos pocos detalles que no encajan en mi cerebro. ¿Cómo hiciste para tener al tonto de Santos Moreno a la mano? ¿De dónde salió la copia del disfraz y cómo te desembarazaste de ella y del revólver?

De pronto, Angela estalló en sollozos. Era la primera vez que la veías llorar.

–Perdóname, Gedeón –imploró–. Eras tú y no Santos Moreno la persona elegida para servir de testigo. Te hubiera llevado a la terraza con cualquier excusa. Pero encontré allí al canciller.

–¿Era yo? –tronaste, casi fuera de ti–. Pero ¿te figuras que habría caído como ese grandísimo cretino de Santos Moreno? ¿Que me habría enredado en tu tela de araña, en tu trampa mal montada? ¿Que me habría dejado abofetear como él, cada vez que te daba la gana? Si el testigo, niña mía, hubiese sido yo, hace días te habrían pasado por las armas y ahora serías pábulo de los gusanos, ¿comprendes? No lo dudes ni por un segundo.

La heroína lloraba copiosamente ahora, con el rostro entre las manos.

–Te salvaste gracias a mí, óyelo bien –proseguiste, medio aplacada tu cólera, pero lleno de rescoldos urticantes–. Ni en broma creas que dejaré fusilar a Cristina de Guzmán Apráez. Lo he previsto todo, su fuga, su manutención en el exilio... Lo que no podía permitir era que se divulgaran las escisiones en nuestro partido, que se supiera que Manuel del Cristo fue asesinado por copartidarios. Tú, Angela Droz, seguirás siendo la heroína de siempre. Más aún, la viuda extraoficial de Manuel del Cristo. Pero entiende bien que todos nosotros, tus copartidarios, conocemos tu crimen y no habremos de perdonártelo jamás.

Avanzaste unos pasos, dejándola a la zaga, para darte vuelta en un momento determinado y rematar.

–No me digas cómo hiciste para esconder el disfraz de la mancha, que en el tocador de mujeres sobrepusiste dos veces al verdadero. Me ocupé bien de ocultar una pista: la confesión de una de las dos modistas, según la cual su amante, un tal Lascarro, fue el único en conocer los detalles del traje de geisha. Me abstendré de otras averiguaciones acerca de tu cómplice, del que llevó el revólver y el segundo kimono al palomar de los Guzmán Apráez, el que asesinó a Escilárido Baena... Pero una cosa te suplico: hazlo desaparecer de mi vista, haz que se lo trague la tierra, si no quieres verme cometer un disparate, hijita de mis entrañas.

Saliste a escape y la dejaste a solas con su dolor. Al respirar el aire de la calle, al sentir el frío de la tarde calar tus miembros, pensaste de pronto en lo desnudos que debemos tener los huesos debajo de la piel.

Las borlas plumosas del algodón raleaban en las parcelas comunales, cuando decidiste ir al encuentro de Angela Droz. Al subir al campero –este mismo cuyos frenos oyeron chirriar, la noche del baile de máscaras y casi en el instante en que Santos Moreno horadaba el silencio con su segundo grito, los guardias que hacían la ronda en el costado suroccidental del palacio–, al subir al campero viste la figura de Sabina contemplarte, en silencio, desde el umbral y comprendiste que era la despedida, que jamás volverías a esta cabaña en la cual engendraste, nacieron y crecieron tus hijos, esta cabaña que ya mucho antes habías también abandonado, pero que siempre tuvo calor para albergar tu cansancio y tus sueños

Sabías que, ahora, compartirías con la heroína un secreto que debería unirlos hasta la tumba. Ahora ella y tú, por fin, eran copartícipes de algo siniestro e innominable, algo cuya monstruosidad forzaría a hacerse complacientes a aquellos brazos, a aquellos tizones de hielo que, a lo largo de diez años, atormentaron tus noches y te hicieron insoportable hasta la dicha misma de su presencia. Sentiste bajo los neumáticos el asfalto de la carretera y suspiraste, lleno de ese júbilo tanto tiempo contenido. Tu hora era, pues, llegada. Ningún obstáculo podría arredrarte en adelante. Los diarios de la mañana traían la noticia de la absolución de la guerrillera. El plan había sido un éxito. Y ella te debía ahora no sólo la vida, sino tres servicios que ni siquiera tendrías que recordarle: haber recibido, desde la calzada, la caja con el revólver y con el disfraz manchado de anilina que te lanzó desde la ventana del tocador de mujeres, para que la ocultaras en el zarzo de la cabaña y luego, a la primera oportunidad, la introdujeras en el palomar de la mansión cercana de los Guzmán Apráez; el éxito de tus amoríos con la modista, que te metió a su alcoba y te dejó conocer los detalles del traje de geisha, para que Angela pudiese coserse ella misma una copia; y el asesinato de Escilárido Baena, cuya ejecución llevaste a cabo de modo limpio y frío.

Todavía esa madrugada, al ser levantada la queda, cuando los periódicos hacían apenas el recorrido entre la capital y las aldeas circunvecinas, sentías atorársete la angustia en el esófago de sólo pensar en la inminencia de tu arresto y la confrontación con el pelotón de fusilamiento. Pero la noticia se propagó en la semioscuridad del amanecer y los campesinos se la transmitieron, uno a otro, por los caminos de herradura poblados aún de miríadas de cocuyos, o a la luz de las linternas de kerosene de las fondas camineras, donde adormecían el hambre primeriza con un pocillo de agua de panela y unas tortas de cazabe. Angela Droz, absuelta. De aquí en adelante, serías el individuo más respetado y temible en muchos kilómetros a la redonda. El león de la llanura. No tendrías, empero, ocasión de aprovechar. La reivindicación de la heroína significaba tu propia reivindicación. Habías sido, a lo largo de años, su esclavo. Esto lo sabían hasta las viejas boquirrotas que venían a hacer compañía a tu mujer y a tratar de allanarle la moña durante tus ausencias. No, no tendrías ocasión de aprovechar. Tu lugar estaba ahora en la ciudad, entre las gentes de pro, como guardaespaldas y valido de la viuda de Manuel del Cristo. A Sabina, no te quedaba otra solución que tirarla por la borda. Tus hijos...¡hacía tanto tiempo que no sabías de ellos! Ni siquiera prestaste atención a Patricia, la segunda en el orden de tu progenie, cuando vino a la cabaña hacía dos o tres días a lamentarse de que su marido había sido asesinado. Allá Sabina si quería darle cobijo.

La cinta de la carretera se empinaba sobre el perfil de la montaña e iba a esfumarse entre la niebla baja que envolvía los morros e imponía al paisaje un funéreo telón de fondo. Empezaste a silbar una canción y por tu mente comenzaron a desfilar, en cortejo fúnebre, las imágenes que llenaron aquellos dos lustros a través de los cuales te hundiste en la ignominia y la abyección. Los macheteros abriéndose paso por entre la manigua, a veces para hallar que la trocha quedaba interrumpida por farallones cortados a pico o por anchas corrientes cuyo vado era poco menos que un suicidio. Manuel del Cristo renegaba y, cada vez que podía, enviaba chasques con razones para Gedeón Núñez, instándolo a activar la agitación en la capital, sin la cual consideraba una locura seguir empeñados en una acción guerrillera que sólo acarreaba disenterías y fiebres tropicales. Angela, metida en su fundón o en camuflajes improvisados, adiestraba a los novatos en el manejo de los Garand M-l, las ametralladoras livianas y los rifles Browning, y vigilaba el uso de las provisiones. Evitaba también, en lo posible, que Manuel del Cristo repartiera caudales entre campesinos que acudían a la guerrilla en busca de socorro para realizar aspiraciones francamente capitalistas. Vivían bajo el asedio de los mosquitos y acechados por las fieras y la vegetación. Las cantimploras debían ser colmadas, a veces, con aguas en estado de contaminación; no pocos guerrilleros murieron envenenados o debieron ser abandonados, en plena selva, con la mente perdida en delirios de fiebre. De tiempo en tiempo, algún encuentro con los regulares, que ejecutaban operaciones de envolvimiento. Venían bien armados y avanzaban por cualquier terreno, gracias a sus vehículos con dispositivos de oruga y al número de sus macheteros. La única defensa de la guerrilla era, entonces, la de tomarlos por sorpresa y sembrar el pánico en sus filas. Pero debían rendir la vida o quedar malamente heridos muchos rebeldes. Demetrio Canelas estuvo a punto de morir, en uno de tales encuentros, con dos municiones incrustadas en el tórax.

Siete años anduviste, de aquí para allá, con esos hombres astrosos, hasta el día de la entrada en la capital, y ninguna de aquellas jornadas se grabó de modo tan indeleble en tu memoria, como esa en que, por primera vez, te atreviste a confesarle a Angela Droz las razones de tu enrolamiento y los motivos que tuviste para desertar, tras ellos, del hogar. Durante varios meses, la habías obedecido en silencio, con ese aire de perro que te caracterizaba, atisbando cualquier oportunidad de admirarla desnuda entre el follaje o de sentir el contacto de su cuerpo. Las más de las ocasiones, sólo conseguías presenciar sus retozos sexuales con Manuel del Cristo, ese hombre a quien odiabas por encima de todo raciocinio. Con lo cual tus urgencias crecían y llegabas al extremo de violar a la primera campesina que se te atravesara. Pero, aquel día, los hados te fueron propicios.

Habían tenido que retroceder, ante la presencia de un gran pantano capaz de engullir a bestias pequeñas. Acamparon junto a un arroyo que se deslizaba por entre piedras lisas y redondas y cuyas aguas parecían particularmente cristalinas. Manuel del Cristo encabezó entonces a un destacamento de voluntarios con el encargo de almogavarear varios kilómetros más allá, por tierras de latifundistas donde era sabido que operaban refuerzos de la defensa civil. Los guerrilleros que continuaron acampados, y a quienes no correspondía turno de centinelas, hicieron una gran barbacoa y sacrificaron a un venado que uno de los hombres más montaraces, un jayán lleno de viruelas y con unas barbas de zamarro, logró capturar sin disparar un tiro. Tú, Lascarro, te escabulliste por entre el follaje al advertir que Angela Droz tenía intenciones de hallar un paraje del arroyo donde tomar un baño. La seguiste silenciosamente, hasta verla atravesar descalza por sobre la piedras, hasta instalarse en una de ellas, en mitad de la corriente, y empezar a sacarse el fundón. Cuando estuvo desnuda y pudiste recorrerla con la mirada, sentiste el pulso acelerarse y creíste que sucumbirías de emoción, a menos que pudieras poseerla aquella tarde. Entonces decidiste salir del escondrijo y hacerte visible para ella, que aún sostenía el fundón en la mano y se aprestaba a arrojarlo a la orilla.

Angela lanzó un gritico al verte, pero, al comprobar de quién se trataba, sus labios se contrajeron en un rictus de risa. Hurgó entre el fundón y, en cuestión de segundos, te apuntaba con su revólver. Creíste que iba a matarte y por eso farfullaste, lo más aprisa que te fue posible:

–No lo haga, señorita Droz. Le juro que no venía con malos propósitos.

–¿Qué haces aquí? –te preguntó–. Siempre creí que los hombres de la guerrilla no eran de los que espían a las mujeres desnudas.

–Jamás lo hice –explicaste–. Pero con usted es distinto. Con usted no he podido contenerme. Créame que, si me vine con la montonera, fue porque me prendé de usted, señorita Droz, desde el día que la vi. Comprenda, señorita Droz.

Debías parecerle ridículo, con tu estampa de pirata. Soltó una carcajada y, sin dejar de apuntarte, comentó:

–Los amores y las ganas de cagar son cosas que no dan mucho margen de tiempo, ¿verdad?

–Si, señorita Droz –balbuceaste, sobrecogido de terror.

La mujer te miró con desprecio. Levantó el cañón del revólver, para volver a apuntarte de inmediato mientras ordenaba:

–Bueno, hazlo. Aquí me tienes desnuda.

La interrogaste con la mirada. La boca del revólver, que te encañonaba, no parecía compaginar con sus palabras. Angela rió entonces entre dientes, para agregar, con voz perentoria:

–Mastúrbate.

No quisiste dar crédito a lo que oías. Intentaste sonreír, sin éxito.

–Señorita... –alcanzaste a gemir.

–Es una orden –dijo ella. Esta vez adelantó aún más, hacia ti, el arma de fuego.

De pronto, una ola caliente penetró tu cráneo y puso tu mente al rojo. ¿Masturbarte? ¿Por qué no? ¡Era tan grande aquel amor, que sería una gloria masturbarte, teniéndola desnuda delante de ti! Además, no había otra alternativa. Desabrochaste la bragueta y sacaste tu potencia al aire libre. La mujer la examinó, con cierta curiosidad morbosa.

–No estás mal dotado –opinó.

Aquello acabó de encalabrinarte. Cuando todo hubo concluído, Angela guardó el revólver y tú huíste avergonzado por entre el follaje.

Pero el episodio, por humillante que fuera, satisfizo en ti apremios dolorosos e inició un nuevo período en tus años de la guerrilla. De allí en adelante, Angela Droz comprendió que podría servirse de ti sin reservas. Te encomendaba misiones secretas, te obligaba a ejecutar las tareas más arriesgadas y difíciles. De mes en mes, te gratificaba, como suele hacerse con los perros, arrojándote el hueso de su desnudez para que pudieras masturbarte en su presencia. El acto se repitió una vez tras otra, al punto que no concebías mayor dicha. Sabías que ella gozaba por igual, secretamente, viendo tus convulsiones y admirando tu virilidad henchida, hasta el frenesí del torrente lácteo.

No obstante, había algo en su actitud que te hacía pensar que, contigo, vengaba alguna afrenta pasada; algún ultraje escondido, quién sabe por cuánto tiempo, en los entresijos del corazón.

Las aldeas, con sus casas de bahareque, reculaban a tu lado. La cinta de la carretera seguía serpeando por la pendiente de la montaña. Llegado Manuel del Cristo al poder, Angela siguió utilizándote en sus intrigas y te recibía, cada dos o tres meses, en algún camarín de bujerías del palacio de los virreyes, para reproducir allí la escena del arroyo. Nunca prescindió del revólver, no obstante saber que, con su sola mirada, ejercía sobre ti tal influjo que no habrías llevado más allá tus deseos. Tenías conciencia, Mauro Lascarro, de estar sometido, en forma constante, a una fuerza magnética, al flujo que dimanaban los ojos de la heroína; pero sabías, al mismo tiempo, que sólo hallarías mayor placer, por el resto de tus días, en la posesión de su cuerpo, en ser finalmente recibido por aquellos brazos que se te antojaban tizones de hielo. Desesperabas de lograrlo alguna vez, cuando ella, una tarde en que desbraguetabas el instrumento mágico para la masturbación ya casi trimestral, te espetó de súbito:

–Te has hecho acreedor a otra clase de premio, Lascarro. Pronto te recibiré en mi cama. Pero antes tendrás que prestarme un último servicio.

Sentiste alegría íntima, mezclada de desesperación.

–Haré siempre lo que usted ordene, señorita Droz –prometiste.

–La cosa es muy sencilla –dijo ella.

Ahora, todo estaba consumado. Ibas en pos del premio que se te había prometido y no veías el momento de llegar al palacio, que ya, sin la presencia de Manuel del Cristo, quedaría abierto a tus esperanzas, como el alcázar de un cuento. El retén de entrada a la ciudad parecía, hoy, más custodiado que de costumbre. Cinco milicianos se acercaron al campero y sólo te dejaron continuar una vez exhibido el salvoconducto que Angela te procuró desde comienzos del régimen. Al llegar a la zona céntrica, notaste particular agitación. Grupos de gente gritaban consignas contra el gobierno y eran disueltos por la tropa. Preferiste desviar y encaminarte por arrabales pacíficos, aunque hubiera que hacer un gran rodeo. Por todas partes se advertía la inquietud. En las paredes destacaban letreros de todos colores, con insultos al régimen y a la persona de Demetrio Canelas. Los vecinos timoratos abandonaban el trabajo y corrían a refugiarse en sus viviendas. A cada dos o tres cuadras, pelotones de milicianos te exigían identificación y examinaban con desconfianza el interior del vehículo.

No te resultó difícil, sin embargo, llegar al despacho de Angela. Tanto los guardias del palacio, como los que custodiaban la Secretaría de Bienestar Social, te conocían de antiguo. Algunos habían peleado al lado tuyo en la guerrilla. La heroína no alzó los ojos de los papeles, que fingía examinar sobre el escritorio. Guardaste silencio por tiempo razonable. Pero la mujer no daba indicios de reparar en tu presencia. Te atreviste, por último:

–Señorita Droz...

–¿Qué quiere usted? –preguntó ella con brusquedad, alzando aquellos ojos por los cuales hubieras asesinado a tu madre. Estaban a solas en la pequeña oficina.

–Señorita Droz...

Ahora el júbilo se había esfumado y te paralizaba la confusión. Eras otra vez el perro en procura del hueso.

–Diga pronto lo que quiere. Puede ver que estoy ocupada.

–Señorita Droz... felicitarla... ha sido usted absuelta... esto me llena de orgullo y alegría.

La mujer te abismó por un segundo en sus ojazos.

–Está bien. Ahora, váyase. No tengo tiempo.

Te entraron ganas de llorar. Agachaste la cabeza y balbuceaste, lleno de estrujadora vergüenza:

–Señorita Droz... usted me prometió... usted...

–Prometer no es dar. Ahora, váyase.

Había vuelto a sumergirse en los papeles. Un sentimiento de desesperación se alzó, como burbujas de vapor, en tu organismo. Inundó de gases rojos tu cerebro, que enceguecía la sed. ¡No, no, no podía ser! ¡Era el límite, el techo más alto de tu paciencia!

–Señorita Droz... no toleraré que se burle de mí... no lo toleraré.

La mujer abrió lentamente una gaveta.

–Entonces –dijo, mostrando un revólver–, esta vez voy a ver tu masturbación cumbre. Tus mejores convulsiones, Lascarro. Voy a matarte, Lascarro.

Ahora, la cólera se diluyó en miedo.

–Señorita Droz –imploraste–, no puede usted hacerme eso.

De nuevo aquel rictus de risa, el de la primera vez.

–Por cierto que puedo, pervertido de mierda. No tendré más que decir que quisiste atentar contra mi vida. Desde este momento, eres un agente de la reacción, Mauro Lascarro.

El alma te dio un salto.

–¡Señorita...!

Te descargó el revólver. Eras hombre muerto, Lascarro.

Como un inmenso pájaro mosca, el helicóptero despuntó por la línea del horizonte. En su misma dirección, el viento del desierto traía vaharadas de calor. Fue cosa de segundos que se posara al pie del cerro, entre nubarradas de polvo. Un puñado de hombres, protegidos con ponchos y sombreros, salió a su encuentro.

–La colina era una pirámide, sepulta por arena de siglos –dijiste, mientras iban abandonando la cabina, primero el rubio pecoso, luego tú y último el piloto–. Un terremoto dejó al descubierto la entrada principal. Las excavaciones han revelado casi todo su interior, que es esplendoroso, pero falta exhumar, como quien dice, las paredes exteriores.

Gómez y sus hombres les tendieron la mano para ayudarlos a saltar.

–¿Pirámide? –indagó Fergus Atkinson, acezando lentamente.

El viento les golpeaba los rostros y la arena les irritaba los ojos.

–A nuestro país, ¿sabía usted?, se extendieron restos de la civilización maya...

Gómez asintió, al tiempo que intentaba estrechar la mano del yanqui.

–No comprendo –observó éste–. ¿Qué utilidad podían tener las pirámides para un pueblo salvaje?

Rehusó, definitivamente, el saludo al mulato. Lo miraste con sarcasmo.

–Si un tipo como usted, de tan alto rango diplomático, pasara a mejor vida, ¿cómo querría perpetuar su nombre?

Atkinson se puso muy serio. Había goleros posados en el cerro, cuyas laderas amojonaban higueras chumbas.

–Es muy fácil –respondió–. Haría una donación al Rotary International.

–La aristocracia maya tenía gustos más exigentes –apuntaste.

–Parece cosa de egipcios –se limitó a decir Atkinson.

Gómez se resignó a no ser saludado, mas no a que se le ignorase por completo.

–Tengo entendido –dijo– que esta pirámide guarda parentesco con la de Kukulcán, en Mérida. Si el cerro no la cubriera, podría ver cómo no remata en punta, sino en una plataforma. En realidad, no eran monumentos funerarios: su oficio era servir de base a templos. Soy yucateca, señor.

El yanqui lo observó con notable disgusto.

–¿Es usted arqueólogo? –preguntó.

–Por cierto que no –dijo el mulato–. ¿Lo parezco?

–En modo alguno –zanjó el embajador.

Anduvieron, agobiados por la temperatura, hasta el boquerón abierto en el cerro, cuyo techo sostenían firmes horcones y cuyas paredes, por quién sabe qué jugarreta de los siglos, parecían talladas en vetas de sal cristalina. A retazos, era posible ver la piedra inmemorial labrada por los mayas, con bajorrelieves que ilustraban temas guerreros. El túnel avanzaba casi en forma horizontal, con suaves desniveles y sinuosidades.

Caminaban, llenos los unos de aprensión hacia los otros.

–Soy su agente de enlace –susurró Gómez, de sopetón, al oído de Atkinson.

El gringo enrojeció. Tú, gran chambelán, habías resuelto marchar adelante, entre los indios que perforaban la oscuridad con linternas de mano. A medida que, sin darse cuenta, descendían por el socavón, el esplendor del templo iba abriéndose a la vista como una larga filigrana de piedra. Ahora, las reliquias que se revelaban a la admiración de tus ojos no se advertían ya golpeadas por la erosión ni filtradas por la arena traviesa. Se respiraba, en cambio, una atmósfera de catacumba que arrancaba estornudos a Atkinson y a Gómez. Este último se detuvo, por un instante, ante la escultura de un anciano, de nariz clásica y ojo ornado por pequeños círculos, que recordaba al Itzamma de los códices yucatecas.

–Puso nombres a mares, ríos, montes y colinas –dijo, siempre en un susurro.

Atkinson lo miró con desconfianza.

–¿Una especie de fetiche, no es así? –indagó, sin poder ocultar el bochorno por la confusión en que había incurrido con este hombre cuya presencia le concernía directamente–. ¿Uno de esos cultos depravados?

–Dejémonos de tonterías –cortó, de pronto, el mulato–. Sé lo que usted quiere oír. Escuche y calle. *Upon a time, before the faery broods / Drove Nymph and Satyr from the prosperous woods...* ¿Keats, verdad?

–*Lamia* –respondió el gringo secamente–. Está bien. ¿Qué es lo que vinimos a hacer aquí?

–Operación Lamia –se relamió Gómez–. ¿Se dio cuenta quién era el piloto?

–¿El que condujo el helicóptero?

–El mismo. Es una mujer.

Atkinson procuró ubicarla en la penumbra. Se encontraba, en efecto, a pocos pasos de ellos, todavía con el casco de aeronauta y tratando de disimular, en lo posible, apretándose contra las paredes que ahora historiaban mitos zoomorfos y acotaban piedras con almanaques astrológicos, su presencia.

–¿Se puede saber quién es? –interrogó con un poco de susto.

–Yo mismo no lo sé –informó el agente de enlace–. El doctor Santos Moreno nos lo dirá a su debido tiempo. Desde luego, la hipótesis se cae de su peso. El recorrido por esta reliquia arqueológica, que tanto recuerda las de mi tierra, no es sino pretexto para dejarla en manos nuestras. ¿Comprende?

–Sí –dijo Atkinson–. Pero ¿quién autorizó la operación?

–*King's Oberon's bright diadem* –musitó Gómez–. ¡Qué claridad la de los poetas que se convierten en una leyenda!

–Habrá que pedir a la Agency perfeccionar sus códigos –rió el embajador, tapándose la boca con una mano–. Sí. Estoy al corriente de todo. Yo mismo me dirigí a Washington, a pedido de Canelas. Este será un buen golpe de propaganda.

–Se nos ha exigido absoluta reserva –reconvino el otro.

–No desperdiciaremos esta oportunidad –brillaron los ojos verdes de Atkinson–. Sabemos quién asesinó a Manuel del Cristo. ¿Usted es yucateca?

–Sí, señor.

–¿Desde cuándo trabaja con nosotros?

Las tinieblas de la galería desembocaban en una cámara de gran anchura, especie de nave mayor. Anduviste, gran camarlengo, hasta la parte central y aguardaste, arrojando hacia el vértice del techo, sobre los frisos de formas geométricas, la luz de tu linterna, a que todos estuviesen reunidos allí.

–Once años, casi doce. Soy hombre de confianza –siguió susurrando el mulato, no sin un tris de jactancia.

Estaban ya, contigo, en el centro de la nave. Las linternas dibujaban sobre los muros sus planos de proyección, dejando en penumbra la mole incierta que parecía presidir aquel santuario: una figura agazapada y tenebrosa que tus ojos, aunque habituados ya a la oscuridad, no alcanzaban a descifrar en su contorno, como si se tratara sólo de un ovillo de sombras. Atkinson te rozó el hombro con la mano.

–Bueno. Estamos aquí –dijo–. Son inquietantes estas construcciones de sus antepasados. Como si rindieran culto a divinidades innominables.

Estaba conmovido. La mole estatuaria, hundida en la negrura, se erigía ante él y lo minimizaba, como una montaña surgida en la noche.

–Procedamos –sugeriste cortésmente, urgido de poner fin a aquello cuanto antes.

El embajador dio unos pasos nerviosos.

–¿Qué quiere que digamos? ¿Que los Estados Unidos protegen a la persona que asesinó a Manuel del Cristo? ¿Qué clase de servicio están pidiéndonos?

Te habías apoyado sobre la gran forma que se alzaba a tu lado y, de pronto, retiraste las manos con reverencia y temor.

–Nada del otro mundo –pesaste las palabras–. Toma y daca. Apenas esta señora pise territorio norteamericano, Canelas promulgará el decreto sobre capitales multinacionales. Para ustedes, negocio redondo. Nosotros...En fin. Tendremos que dar explicaciones muy aburridas. Y el Departamento de Estado se servirá hacerse el de la vista gorda cuando nuestro embajador en las Naciones Unidas pronuncie una que otra andanada contra sus procedimientos.

–¿Por qué no se resuelven a procesar a esta mujer?

El yanqui quería guardar las apariencias. Te fastidiaba pensar en nuevos protocolos y formalidades.

–No me haga, míster Atkinson, preguntas que no estoy en libertad de responder. Después de todo, no soy más que un diplómatico.

Atkinson hizo chasquear los dedos.

–¿Qué vamos a hacer con la asesina de Manuel del Cristo en Miami, a la vista de todo el que quiera verla?

–La llevarán a conocer el Seaquarium –aventuraste.

–Los grupos de izquierda harán manifestaciones. Apedrearán nuestras embajadas en la América Latina.

–Son a prueba de pedradas.

–En el Congreso, no faltarán preguntas...

El gringo se mantenía alerta. Con el rabillo del ojo, observaba los cuerpos que se movían extrañamente en la medialuz. El cono de claridad de una linterna se aposentó, de improviso, sobre la blancura de unas nalgas de mujer. Alguien, sin duda, mudaba de ropas al favor de la penumbra.

–Bueno... –aquello era entre cómico y desesperante–. Ustedes se han dicho, siempre, paladines del derecho de asilo. Este ha sido un crimen político.

–No estoy seguro...

Sí, sí, escamoteaban al piloto. O mejor, lo descamuflaban. Un indio venía a reemplazarlo.

–Lo está. A Canelas no va a temblarle el puño en el momento de firmar el decreto. Compréndalo. Además, cuando Washington quiera desembarazarse de algún asesino dudoso, algún Oswald, no tiene más que avisarnos. Lo recibiremos con honores de héroe.

Sabías que a esto seguiría un aguzamiento de recelos.

–¿Quiere usted decir que esta dama –(cuyas nalgas acababa de ver)– no mató, en realidad, a Manuel del Cristo? Hablemos claro.

–No dije tal monstruosidad. Además, recuerdo mi estricta condición de diplomático. Tampoco usted es otra cosa. Creo, míster Atkinson, que no le vendría mal una relectura de las *Memorias* del caballero de Seingalt.

–Jamás las leí –dijo el yanqui–. Suelo ser hombre práctico.

–Bueno, perdone usted. Una relectura de *El americano feo*. Flojean ustedes en esto de...

–¿Cree usted?

El tono había sido cortante. Por un momento, te inspiró lástima. Agitaste los brazos, como si nadaras en aquel mar de sombras, y te separaste un tramo del embajador.

–Adelante, míster Atkinson. Al otro lado de la colina lo aguarda un Convertiplano Bell que usted va a abordar en compañía del obsecuente señor Gómez, para ser trasladado, según el programa oficial, a la Zona. El conoce las instrucciones al pie de la letra. ¿Buen muchacho, eh? Lo envió directamente la Agency, a través del Departamento de Defensa. Su visita oficial, querido amigo, acaba de concluir en las entrañas de este santuario.

Observaste, con mezcla de compasión y desprecio, su sombra silueteada contra los reflectores. A contraluz, Atkinson daba la sensación de una de esas momias de la necrópolis de Paracas, que van a despertar a la vida en alguna isla del Pacífico. Una sonrisa afloró a tus labios, entre el humo del cigarrillo que acababas de encender maquinalmente.

–Y recuerde –añadiste entonces–. Ojalá no sea necesario que maten ustedes a su presidente, para canjearle al asesino por las franquicias algodoneras. Adiós, míster Atkinson. Llévele mis saludos a Perry Mason.

Trataste de alejarte, lo más que podías. Abur, abur, no más vacías sutilezas. Pero comprenderás, de pronto, que te has extraviado en la sombra. Las pilas de tu linterna se habrán consumido, manipularás en vano y tu cabeza estallará en fragmentos de desesperación. Te habrás extraviado, cuando hace apenas diez segundos tenías a Atkinson delante tuyo, agudo en la contraluz como un cadáver gesticulante. Extraviado, en un cerrar y abrir de párpados. Hundido en aquella caverna precolombina, integrado de pronto al pretérito, fundido con la historia muerta y percibiendo un silencio que no comprenderás. Sentirás el aliento sulfúrico, la presencia abominable. *Abyssus abyssum invocat.* El Leviatán, el Behemot del poder... Tu pasado se deslizará, por tu memoria, como una cinta suavísima. *Percussimus foedus...! Aquí estarás, sumido en el abismo. La pesadilla cristalizará, por un milésimo de segundo, en la realidad de estas galerías que erizan guijarros y pedruscos, para mejor excoriar tu piel. Recordarás tu niñez lejana, tu madre colocando con minucia sobre la mesa el pastel de piña, la circunspección del profesor que explica la dialéctica de los eléatas, la novia sin caderas, la cuarentona pintarrajeada, el claustro barroco de la Pontificia Escuela por donde pasearon sus casacas los próceres, tus noveles pretensiones de poeta maldito, la primera condecoración blenorrágica, el primer puesto público... De pronto te habrás extraviado en la sombra, sin noción ya de Atkinson, ni de Gómez, perdido en el dédalo de aquel santuario,* marchando a tientas por no se sabe dónde, acurrucado contra la negra pared que parece querer rechazarte. Tu alimento será chupar en los caminos la sangre humana... Entonces entró por el camino negro. Llegó junto al maniquí labrado en madera, los primeros sentados, engalanados. Picó al primero, que no habló. Picó al otro, picó al segundo sentado, que no habló. Picó al tercero; el tercero era el Supremo Muerto... Entonces, invictos, entraron en la Mansión Tenebrosa.

Pero la lumbre de tu propio cigarrillo habrá de volverte, de pronto, como si te arrancara del abismo, al mundo de las posibilidades estables. Te enjugarás el sudor y tratarás de sonreír. Habrá ante ti un hombre, aviado de piloto, que sonreirá también. Los planos de proyección, otra vez en el campo de tu visibilidad, se dispararán hacia la altura y comprenderás que no hiciste sino rodear la mole negra, cuyos contornos deslíe la sombra. Ahora podrás verla, en la totalidad de su grandeza. Los conos luminosos confluirán sobre el gigante a cuyas espaldas dejaste a Atkinson, y cuya fachada ignorabas. Y estará allí, erguido sobre sus patas, como un depredador que emerge de la bruma, el horripilante Jaguar Rojo, con sus ojos de verde jade fosforeciendo y observándote desde la tiniebla.

–¿Regresamos, señor?

Bajo el casco, no estarán ya las finas facciones de Cristina de Guzmán Apráez, sino las de un indio que te apresurará con la oblicuidad de sus ojos. Regresarán. Sabrás ahora que tu pesadilla no va a repetirse porque el Jaguar, el símbolo maya la ha conjurado y nunca más volverás a oír el balbuceo glogloteante de tu conciencia. El símbolo maya, la ruina enlucida de poder, ante la cual no seremos sino un montoncito de hormigas que ignoran su origen, tanto como el día de su muerte; que desconocen hasta el nombre de su tatarabuelo, hasta el significado del nombre que llevan, y todavía interrogarán a las estrellas buscando una raicilla, una cepa consoladora, en la infinita malignidad del universo.

El helicóptero pondrá sus hélices en movimiento, se desprenderá de la tierra en elación mecánica, entre otra nubarrada de polvo, y cuando se disipe, verás al Convertiplano emerger del otro lado de la colina, como un murciélago de metal, remontando los aires del desierto, cuya extensión se hunde en el cielo a la manera de una lámina de cobre.

—Quieren hablarle, señor —dirá el piloto y te extenderá los auriculares.

—¿Quién?

—Su secretaria. Dice que hay una llamada urgente.

Los acomodarás a lado y lado de la cabeza y los sujetarás con un dedo al oído.

—Diga, señorita.

—Es el doctor Garibay —se oirá, nasal, la voz al otro extremo—. Insiste en hablarle sin tardanza

—Ahora no es el momento...

Pero no será la voz de la secretaria la que retorne por el radioteléfono.

—¿Santos Moreno? Aquí Garibay —interrumpirá la voz de tenorino—. Sé perfectamente lo que ha estado haciendo. Y sé también que no ha sido culpa suya, que fue Gedeón Núñez. Pero no deja de repugnarme todo eso. Además, los yanquis van a revelar la verdad, armarán un escándalo. Ya eso no tiene remedio. Pero dígame, yo a usted lo conozco bien, ¿no se le estraga el estómago?

En silencio, escucharás la retahíla. Garibay insistirá, con su habitual impaciencia.

—Dígalo, Santos Moreno, ¿no tiene, por lo menos, el estómago descompuesto?

Arriba, las hélices girando en vértigo. Sonriendo, harás descender el micrófono a lo largo del cuerpo. Luego lo conducirás, sin prisa, al lugar que deseas. Al otro extremo de la línea, el fiscal escuchará algo así como una detonación.

–¿Oyó eso? –le preguntarás.

–Sí, ¡por Dios, Santos Moreno! ¿Han atentado contra su vida?

Su alarma será sincera.

–No se preocupe –te limitarás a contestar.

–Pero, por Dios!, ¿qué fue lo que escuché?

Tu respuesta tardará un poco. Será una pausa que martillará nerviosamente los oídos de tu interlocutor.

–Un pedo –aclararás por fin.

Angela Droz miró por un instante el vuelo de los cornisamentos, que parecían desplazar en sentido contrario a la marcha del automóvil sus grotescos follajes de piedra, y no pudo dejar de pensar en la relatividad de los movimientos físicos y en la suprema relatividad de todos los movimientos engendrados o fantaseados por la mente del hombre. El vehículo avanza, haciendo alto en cada retén para identificarse ante la guardia miliciana, por entre el silencio sistáltico de la ciudad portuaria. Esta vez, Angela mía, sientes en carne viva el pánico. El mismo que sentí cuando me disparaste a quemarropa en el baile de máscaras. El pánico es siempre el mismo. Y me pregunto: ¿por qué, entraña mía, no pusiste veneno en el Beaujolais? Me habrías ahorrado el dolor de saberte avanzando hacia mí, para matarme. Me habrías ahorrado el pánico. Ahora, donde estoy, no existen ya el pánico ni la ambición ni el rencor. Estoy en la muerte, Angela, en la omnisciencia, y no puedo ni debo reprocharte nada. Te amo, Angela, como en aquellos tiempos.

Mataste a una apariencia, pero no me has aniquilado. Al hombre no es posible aniquilarlo. Un poco más, Angela, y ganarás el puerto. Arderás de júbilo al sentirte invadida por la sal encabritada del mar. El mar que, hoy como nunca, se te antoja símbolo de libertad. Porque un barco te espera, hacia el exilio.

Qué indiscretos los yanquis, ¿verdad? Destaparlo todo, armar semejante barullo... Si pudieras verla, Angela, allá, en el filo de la cordillera, entre el gentío idiotizado, encaramada en un palio y recortada contra los eucaliptos, como una epifanía entresacada de analectas del medioevo. Es Claribel Zumárregui, la iluminada. Mientras Canelas pone, de una plumada, en vigor, el decreto por el cual me repudiaste, a ella el pueblo la aclama; la considera santa y taumaturga, y proyecta llevarla en triunfo a la capital, para pedir a la jerarquía eclesiástica su canonización en vida. ¿Comprendes?

Comprendes, bien lo sé. Y comprendes también que aquel que yo fui, aquel Manuel del Cristo a quien el pueblo acogía con vítores, porque lo amaba y había depositado en él su esperanza; aquel Manuel del Cristo ha quedado envuelto para siempre en el aura de la leyenda y de la gloria, mientras tú te condenas por toda una eternidad a aullar de remordimiento y dolor, como la perra Hécuba.

Buenos Aires, febrero/marzo, 1.971
Bogotá, mayo/diciembre, 1.973
Bogotá, enero, 1.975